多元视角下的大学英语教学与发展研究

刘云霞 著

吉林出版集团股份有限公司
全国百佳图书出版单位

图书在版编目（CIP）数据

多元视角下的大学英语教学与发展研究／刘云霞著.－－长春：吉林出版集团股份有限公司，2022.9
ISBN 978－7－5731－2274－2

Ⅰ.①多… Ⅱ.①刘… Ⅲ.①英语－教学研究－高等学校 Ⅳ.①H319.3

中国版本图书馆 CIP 数据核字（2022）第 173502 号

多元视角下的大学英语教学与发展研究
DUOYUAN SHIJIAO XIA DE DAXUE YINGYU JIAOXUE YU FAZHAN YANJIU

著　　者	刘云霞
责任编辑	杨亚仙
装帧设计	万典文化

出　　版	吉林出版集团股份有限公司
发　　行	吉林出版集团社科图书有限公司
地　　址	吉林省长春市南关区福祉大路 5788 号　邮编：130118
印　　刷	唐山富达印务有限公司
电　　话	0431－81629711（总编办）
抖 音 号	吉林出版集团社科图书有限公司 37009026326

开　　本	787 mm×1092 mm　1/16
印　　张	8
字　　数	150 千字
版　　次	2023 年 1 月第 1 版
印　　次	2023 年 1 月第 1 次印刷

书　　号	ISBN 978－7－5731－2274－2
定　　价	50.00 元

如有印装质量问题，请与市场营销中心联系调换。0431－81629729

PREFACE 前言

当今社会正处于全球化发展环境下，各国、各民族在价值观念、风俗习惯等方面形成了独特的文化认同，构成了各自的文化，而这些文化内涵，无一不渗透在语言之中，使其具备独特的不同于其他民族语言的特性。在这样复杂多样的社会环境中，需要各种不同的文化服务社会的发展，从而形成多种文化之间的相互碰撞与交流。

大学英语是高等教育的重要组成部分，也是我国高等教育体系的重要组成部分，其对提高大学生英语综合能力，提高全民英语素质，为社会主义经济发展输送高素质人才具有重要作用。文化的多样性和平等性，不仅成为人们关注的焦点，也是我国大学英语教学中的必要元素。在高度重视文化与教育的现代社会，多元文化教育全面展开。多元文化教育对大学英语课堂教学提出了新的要求，教师要贯彻多元文化教育理念，在多元文化教育思想指导下，不断利用新的技巧，丰富教学内容，改革教学方法，开展课堂活动，拓展校园文化，实现教学效果的最佳化。本书是大学英语教学方向的著作，主要研究多元视角下的大学英语教学与发展。本书从英语教学基础介绍入手，针对大学英语教学的基本理论、大学英语教学的方法进行了分析研究，并对多元视角下的大学英语基础教学、多元视角下的大学英语语言能力教学做了一定介绍，旨在摸索出一条适合大学英语教学工作创新的科学道路，帮助相关工作者在应用中少走弯路，并运用科学方法，提高教学效率。

本书在撰写的过程中，参阅了大量相关资料和文献，同时为了保证论述的全面性与合理性，引用了许多专家、学者的观点，在此谨表示最诚挚的谢意。由于作者写作水平有限，书中难免存在疏漏之处，恳请广大读者不吝指正。

著　者

CONTENTS 目 录

第一章 英语教学综述 …………………………………………… 1
 第一节 语言与语言学习环境 ………………………………… 1
 第二节 英语教学内容、价值、重要性 ……………………… 6
 第三节 英语教学法及其相关学科 …………………………… 15
第二章 大学英语教学的基本理论 ……………………………… 18
 第一节 大学英语教学的内涵解析 …………………………… 18
 第二节 大学英语教学的理论依据 …………………………… 19
 第三节 大学英语教学的基本原则 …………………………… 39
第三章 大学英语教学的方法 …………………………………… 43
 第一节 交际教学法与直接法 ………………………………… 43
 第二节 语法翻译法与情境教学法 …………………………… 45
 第三节 听说法和认知法 ……………………………………… 52
 第四节 全身反应法与任务教学法 …………………………… 56
第四章 多元视角下的大学英语基础教学 ……………………… 64
 第一节 多元视角下的英语语音教学 ………………………… 64
 第二节 多元视角下的英语词汇教学 ………………………… 72
 第三节 多元视角下的英语语法教学 ………………………… 75
第五章 多元视角下的大学英语语言能力教学 ………………… 82
 第一节 多元视角下的英语听力教学 ………………………… 82
 第二节 多元视角下大学英语口语教学 ……………………… 89
 第三节 多元视角下的英语阅读教学 ………………………… 97
 第四节 多元视角下的英语写作教学 ………………………… 104
 第五节 多元视角下的英语翻译教学 ………………………… 110
参考文献 …………………………………………………………… 119

第一章　英语教学综述

第一节　语言与语言学习环境

一、语言概述

（一）语言的特征

为了弄清楚语言的特征，了解什么是语言，语言学家、哲学家和心理学家做了大量的研究工作，他们从不同的角度对语言的本质和特点进行了描述。概括起来，语言有如下特征。

1. 语言是一个系统，并且是一个生成系统，有着自身的结构

这种结构是多层面的，第一个层面是音位，第二个层面是音节，第三个层面是语素，第四个层面是词，第五个层面是句子。语言这个系统储存在人们的大脑中，并为规则所支配。这些规则既是复杂的，又是抽象的。人们可以凭着对语言规则的掌握形成无限的句子，并可以凭借这些规则判断某些句子是否正确。

2. 语言是一套具有任意性的符号

这些符号是声音符号，也可能是视觉符号。语言符号所表示的意义是约定俗成的，语言符号和它们所指的事物之间没有内在的必然联系，这就是语言的任意性。例如，某种有四条腿、食肉的哺乳动物在汉语中叫作狗，在英语中叫作 dog。这就是任意性的一例，因为我们无从解释为什么要这样叫。但用什么语言符号去表示意义是一种社会规约，意义的规约性往往会受到不同社会和文化的影响，因而总是具有人文性这一特点。

3. 语言是一种交际的工具

作为交际工具的语言是在社会交际需要中产生的，并在使用中得到发展。人们通过对语言的运用而掌握语言，并在交际中学会使用语言。

4. 语言在语言社团或语言文化中发生作用

语言和文化有着极为密切的关系，语言是文化产生与发展的基础，而文化的发展也促使语言变得更加丰富和精细。从某种意义上讲，语言可被看作文化的一部分。

5. 语言为人类所独有

科学家对动物交际的研究表明，虽然一些动物可以以某种方式或通过一定的手段把有关的信息传给它们的同伴，如蜜蜂可以通过舞蹈来传播有关蜜源的信息，海豚可以发出不同的声音来表达不同的信号，猿猴也能掌握某些语言符号，但是它们并没有和人类相似的交际系统，它们之间的"交际"不是人类那样的语言"交际"。语言是人类独有的，人类语言有它的神经生理基础、社会基础，以及用于抽象思维的特点和用于传递指称对象特殊信息的特点。从这些方面来看，人类语言与动物"语言"是不同的。

6. 所有人都以大致相同的方式习得语言

语言和语言学具有普遍的特征。如果我们把人们描述为聪明、较聪明、不那么聪明等各种类型，那么除了一些有生理或心理障碍的人以外，其余所有人都能在儿童阶段以大致相同的方式习得语言。儿童具备学会任何一种语言的能力，只要他们能够接触到周围讲某种语言的人，与某一种语言环境保持一定的接触，那么他们到一定的年龄——五六岁，都能使用某一语言进行交际。

认识语言的本质和特征，有利于我们探讨英语教学中的问题。对语言不同的看法会使我们在英语教学研究中采取不同的态度和方法。如果我们把语言看作一种任意符号，那么这种符号首先是有声的；如果我们把语言看作交际工具，那么我们会以能成功地进行交际作为习得语言的标志，也会在教学中让学生参加各种语言交际活动，使学生在语言交际中学习语言；如果我们相信语言和语言学习具有共同的特征，就会去寻找学习者学习语言的共同方法、共同策略，看哪种方法、哪种策略更有利于语言学习。我们会更清楚地看到不同的语言观对语言教学的影响，不同的语言观会直接影响到某种具体方法和教学技能的运用，不同的教学方法都是以不同的语言观和语言学习观为基础的。

（二）语言研究理论

1. 语言的内部研究

什么叫语言学？语言学是对语言的科学研究。语言研究发展到今天，语言学已发展得相当成熟，并发展出许多分支，这也说明语言学已经成为一个成熟的学科。如果从现在这个角度来说，可以将其分成对语言的内部研究和对语言的外部研究两大板块。语言的内部研究是对语言不同层次的研究，又可以分成语音学、语法学、句法学、语义学、语用学等。

语音学的研究对象是人类发音器官发出的各种声音，特别是言语声。通常语音学包含三个分支学科：声学语音学，主要研究言语声音从说话者到听者在空气中的传播特性，这需要用物理或声学的方法对言语声的波形进行频率、幅度等方面的分析研究；听觉语音学，主要用心理手段研究我们是怎么感知并且识别出不同声音的；发音语音学，主要研究发音器官是如何产生言语声的，以及每个人是如何通过他/她自己的发音器官，产生他/她独有的、与别人不同的声音的，而且还要研究如何对声音进行分类和描写。

语法学要研究语法范畴，即语法意义的种类，包括词类、性、数、格以及人称、式、时、体、态等，它们各有不同的语法形式。语法学还要研究语法单位和语法结构。语法分析通常分层次进行，不同的层次有不同的单位。最底层是词素，高一层是由一个或一个以上词素组成的词，再高一层是分句、句子，后三项都由前一个层次的一个或一个以上的单位组成。语段一般作为语用学的单位考虑。每个单位和层次都处于一定的结构中。

句法学研究语言的句子结构。该语言学术语来自希腊语，字意是排列句子是根据一种特定的排列词的方式构成的。排列正确的句子被认为是合乎语法的句子，是根据一套句法规则构成的。句法是一个规则系统，是一个由一套数量有限的抽象规则组成的系统，句子由单词组合而成。句子的语法性是指句子的合成必须符合本族语者头脑中的语法知识。任何一种语言的句法规则都包含说话者头脑中的语言知识系统（称为语言能力）。虽然任何语言的句法规则的数量是有限的，但说话者可以理解和表达的句子的数量是无限的。

语义学又称作同义学，是对自然语言中单词意义的研究，也可以指对形式逻辑系统中符号解释的研究。语义学有以下几个分支：①哲学语义学。这是哲学家对自然语言的语义研究，围绕"什么是意义"这一难题展开。②历史语义学。语言学家早就关注语义问题，尤其是词义演变问题。中国和西方学者都做过大量而细致的词源和训诂研究。③结构语义学。在结构主义理论的影响下，一些语义学学者从历时研究转向共时研究，从研究词的语义变化转向研究词与词的语义关系。④生成语法学派语义学。目标是描写和解释人们的语义知识；同时，也描写一切词组和一切句子的意义。⑤孟德斯鸠语义学。认为了解一个句子的语句就是了解该句子是否符合真值条件，是否真实反映世界的情况。

　　语言学在国外，特别是在英语国家的发展大体上是遵循符号学的这三个方面进行的。首先，结构主义语言学，特别是它的描写学派，力求把研究的范围仅仅局限在语言单位间的形式关系方面，有意地尽量不涉及意义，把意义排除在外。其次，到了20世纪60年代中期，这种方法已日益途穷，无法充分、全面地分析语言事实并转换生成语法，所以这些国家的语言学就又回到语义问题上来。起初是一般的涉及，后来语义分析日趋详尽，这样，不仅在词汇领域，而且在句法领域，语义研究均跃居领先地位。然而，转换生成语法的语义成分仍不能满足语言研究，特别是语言功能研究的全部需要。在转换生成语法的语义学理论中，语句是跟虚拟、抽象的语言使用者发生联系的，而现实中运用语言的人及其感情、相互关系、意图、目的等则被排斥在分析之外。最后，人们开始认识到，为了充分地阐述语言现象，包括语言的结构及其在言语中的使用特征，必须考虑语言形式在功能方面的种种因素，这就促使人们把注意力投向语用学。从20世纪70年代初期开始，"语用学"这一术语以及相关的概念便日益频繁地出现在不同学派语言学家的论著中。

　　2. 语言的外部研究

　　从语言与外部的关系来看，语言研究可分为心理语言学、社会语言学、神经语言学等。以下重点介绍心理语言学。

　　心理语言学是研究语言活动中心理过程的学科。它是关于人类个体如何掌握和使用语言系统，如何使语言系统在实际交际中发挥作用，以及如何掌握和使用这个系统。从信息处理的角度来看，心理语言学研究个体语音交流中的编码和解码过程。由于研究对象的特点，它与许多学科关系密切，除了心理学和语言学外，还有信息论、人类学等，但在方法上，主要采用实验心理学的方法。

　　心理语言学主要有两个研究方向：行为主义研究方向和认知心理学研究方向。心理语言学研究问题包括言语感知和理解、言语产生、语言习得、言语的神经生理机制、各种言语、言语和思维缺陷，言语与情绪的关系、人格等。这些问题的解决将对儿童学习理论、思维理论和心理发展理论的研究起到重要作用。

二、教与学的关系

　　英语教学法研究英语的教与学，弄清学习的特征，厘清什么是教，对研究英语的教与学是必要的。只有明确了教授与学习的特征，我们在研究英语教学法时，才会有正确的出发点、明确的前进方向，这样才可以取得显著的效果。

学习有如下特征。

①学习是习得或获得；

②学习是信息或技能的保持；

③对信息或技能的保持包含记忆、储存和认识结构的作用；

④学习涉及对有机体内部或外部事件积极、有意识的注意和对这些事件施加作用；

⑤学习是相对持久的，但也会遗忘；

⑥学习涉及某种形式的训练，或许是强化训练；

⑦学习是行为的变化。

这些特征有些说明了学习的过程，有些说明了学习的结果。在学习过程中，我们会对某些事物特别注意，尽量去了解，并做出反应和行动；我们会把有关的信息想方设法地记忆下来储存在大脑中。这样一来，我们的认知结构也会随之发生变化，为了保持对有关的知识和信息进行记忆，还会进行不同形式的操练。作为学习的结果，行为的变化和知识、技能的获得都表现得很具体，我们不能离开学习去讨论教授。可以说，教学的目的是引导和促进学习，为学习的顺利进行创造有利条件和提供各种帮助，最终达到使学生获得相关知识和技能的目的。

因此，教无时无刻不与学联系在一起，语言学习的理论直接影响着语言教学理论的建立，也影响着教学方法的采用。从这个意义上来说，语言学习理论和语言理论一样，都对教学方法具有直接的影响。

三、母语、第二语言和外语的学习环境

英语在不同的国家起着不同作用。在一些国家，英语是母语或第一语言，如美国、加拿大、澳大利亚、新西兰、巴巴多斯、牙买加、特立尼达和多巴哥，等等。英语在这些国家的地位就像汉语在中国的地位一样。应该指出，虽然英语在讲英语的国家是母语，但是在不同国家和地区，英语的发音是不尽相同的。除此之外，还存在词汇和语法上的区别。如果把这些有地理特点的英语称为英语的方言，那么英语方言的差别就没有汉语方言之间的差别那么大（特别是口语方面）。

英语在一些国家和地区虽不是母语，却起着官方语言的功能，它是法律界、政府部门、学校、商界和大众媒介（电台、电视台和报纸）的主要语言。在这些国家和地区，英语起着第二语言的作用。在南非、印度、新加坡、尼日利亚等国家，英语是第二语言。对于那些到英国、美国等讲英语的国家定居的移民来说，英语也是他们的第二语言。

在很多国家，英语既不是母语也不是第二语言，但英语也有它的用处——作为外语存在。在这些国家里，英语是学校课程的一部分，是高一级学校入学考试中的一个科目。在我国，英语是一门外语。英语虽然在很多国家只以外语的形式存在，但由于国际上不少会议是以英语为主要语言进行的，世界上不少书籍、杂志是以英语为主要文字发表的，所以目前这些国家也有不少人在努力地学习英语。学好英语和掌握英语有利于他们与外界沟通，从外部世界获取各方面的信息。

明确英语的地位对于英语教学来说是重要的。在我们的英语教学中，最好先教授某一种英语的发音，并以此为基础对其他方言的发音进行描述。这样，能使学习者更好地掌握英语的发音，懂得英语发音的特点，在日常与英、美、澳等国人士接触时，能明白对方的语言，进而成功地进行交际。再者，我们也应懂得，英语在我国是外语，教授外语的环境与教授母语和第二语言的环境有很大差别。作为外语教学，除了在课堂上接触英语外，其他场合接触英语的机会并不多。从学习母语的经验中我们得知，语言环境对语言学习是很重要的，所以我们应尽可能地为学习者创造良好的英语学习环境，从而促进其语言学习能力的全面提升。

第二节　英语教学内容、价值、重要性

一、英语教学内容

（一）语言知识教学

1. 语音教学

英语语音教学一般包括整个英语语音系统，它可分为发音知识、单音、字母、音标、语流、语调等方面。

发音知识主要是关于发音与发声器官之间关系的知识，如口形、唇形、舌位、唇舌运动路径、肌肉紧张或松弛、口腔中的空气通道、上颚、声带的振动、声音、英语发音时长等，适度教授学生英语发音知识，可以帮助学生树立处理英语语音系统的认识，为进一步学习打下基础。

2. 单音教学

单音教学主要是指元音和辅音的教学。元音教学要区分前元音与后元音、单元音与双元音、短元音与长元音等；辅音又包括清辅音、浊辅音、鼻辅音、摩擦音、爆破音等。字母教学通常与音标教学相结合，英语字母与音标容易混淆。因此，它们之间的区分和比较尤显重要。特别要注重区分英语字母表、字母的名称、字母的读音、元音字母表、辅音字母表、字母拼读；音标包括元音分类表、辅音分类表、重音、次重音等。音标是记录音素的书面符号，看到音标就可以联想起某个相应的音，作用相当于对声音的提示。为方便英语发音教学，现在我国的英语课本和英汉词典多采用国际音标，用48个音标标注英语的48个音素，一个音素用一个音标表示。这样，语音教学就方便多了。英语很多单词的拼读不规则，学生在遇到新单词时，可以在字典上查到音标，然后读出该词正确的音。当听到一个生单词时，可以用音标迅速记下它的发音，以便之后查询。音标还可以用来教授语音的其他技巧，如连读、弱读等，通过视觉和听觉两个渠道的沟通，加深学生对语音的把握。对于缺少语言环境的英语教学来说，音标教学应该得到应有的重视。

3. 语流教学

语流教学包括重音教学、节奏教学、语调教学等。重音中的单词重音和句子重音两者都很重要。重音教学的受重视程度远不如音素教学。很多教师认为重音上出现的问题不会对教学形成太大影响。可是，很多学生在读单词时常常出现音对而重音位置不对的现象。因此，在教单词时一定要强调重音，并把这一属性作为单词的一部分。

（1）句子的重音教学

在用英语交流时，我们要注意句子中哪个词要重读，哪个词不重读。重读的词用以给听者传达信息，不重读的词把这些信息连在一起。如果你在用英语交流时每个单词都重读，那么就会使听者听不懂你的意思，因为你想传达的信息太多了（他们习惯听重读的部分）。除此之外，这样的表达会让对方觉得你可能生气了，或不耐烦，或不友好（他们在生气不耐烦的时候才会把每个词都重读）。

（2）句子的节奏教学

节奏教学首先要与重音和停顿联系起来。我们要知道，在汉语中，如果一句话里的字数多，那么说起来用的时间就长；在英语中，一个句子的发音时间取决于口音的数量。两个重音之间的间隔称为重音之间的空间。不管有多少字，用的时间都差不多。通过节奏的教学，教师可以让学生练习敲击，就像唱歌一样，不管一个节拍有多少个单词，每个单词都必须在这个节拍内唱出来。

（3）句子的语调教学

语调是说话音调的上升或下降，即声音的抑扬顿挫或高低起伏。不同语调的话语有不同的含义，因此，说话时如果采用不同的语调，就会产生不同的效果。英语句子一般有升调和降调两种基本语调。升调表示不肯定的语气和不完整的意思，降调表示肯定的语气和完整的意思。音也有四种高低不同的程度：特强音、强音、中音和弱音。升和降一般用箭头表示。升调用于一般疑问句，降调用于陈述句、特殊疑问句和感叹句。由于汉语的调落在每个单字上，所以句子的调并不严格。一般来讲，汉语无论什么句式，降调使用得都比较多，这导致学生在学习英语时习惯于降调，因而语流会显得平淡、呆板和无味。针对这种情况，我们应把它作为重点项目进行训练。掌握语调的应用技巧，一方面可使说话人的语音更优美，另一方面也有助于更有效地表达说话人的情感、态度和目的。

4. 语音教学的方法

大学英语授课方式往往是以大班教学为主，这就对教师的教学手段提出了挑战，具体可从以下方面着手进行改善。

（1）将语音语调融入大学英语教学的全过程

在学生刚入大学的第一学期，教师就对语音语调知识进行了系统的介绍和阐释。由于大学英语的周课时往往为四课时，课时量太少，因此，教师通过课堂课外的模式将语音语调知识分割为若干部分，分次分批地教授给学生，成为大学英语课堂的一部分。教师在课堂上利用较少的时间对学生进行指导并安排巩固任务，使学生系统地掌握并巩固语音语调的相关知识，并随时将语音训练融入课堂教学中。

（2）灵活运用多媒体教学

教师应结合当前对听说能力目标的要求，尽可能多地让学生接触真实自然的语言材料，以习惯英语的语音语调。我们可以运用多媒体教学手段，增加有趣的电影对白、绕口令、英文歌曲等内容，使学生在教师的指导下进行课堂和课后模仿，由教师进行模仿检查。同时，可以辅以英汉语音比较教学，使学生通过已有的母语知识更好地掌握英语语音。

（3）开设英语语音选修课

为了解决学生英语水平参差不齐的问题，学校可开设不同等级的语音选修课。该课程是在学生已有的英语知识和能力，尤其是学生已有的英语口语能力基础上开设的，课程的主要内容通常是基于发音基本方法和规则的讲解以及大量的模仿和练习。因此，它是一种补偿性的课程。在有限的教学时间中，不可能也没有必要做到面面俱到，要针对学生英语语音方面的弱点来有针对性地组织教学。

（4）努力培养学生的自主学习能力

由于教师在有限的课堂时间内给予的相关指导无法替代学生的实际操作和训练，因此，必须培养学生的自主学习能力，有效利用已有的网络自主学习平台，建立合作学习机制，使学生能在课后配合听说训练有意识地、主动地开展语音语调训练。

（5）教师应当努力提高自身的语音语调水平

提倡终身学习，教师要不断充实自己，提高判断能力。只有这样，才能保证英语教学的良好教学效果，从而不断引导学生进步。

（二）词汇教学

1. 词汇教学所出现的问题

我国传统英语教学把语言教学分为语法教学和词汇教学。课上，教师花费了大量时间讲解词汇；课下，学生把大部分时间用在背单词上。虽然这种方法不符合当今的教学理念，但大多数学生还是延续了"学英语就是背单词"的习惯。那么，为什么多数语言研究者还是认为学生的词汇量不足呢？问题主要体现在以下两个方面。

（1）教师方面

首先，教师在词汇教学中存在错误的观念和做法，认为学习和记忆词汇是学生自己的事，在讲解课文时，多重视句子和篇章的讲解，即便是利用课堂时间讲授单词，也只是停留在单词的读音、基本用法等表层，对词源缺乏系统的介绍，往往也不会比较其文化内涵同母语的区别。教师也没有帮助学生逐渐找到适合自己的行之有效的记忆单词的方法。教学实践表明，教师应结合上下文进行教学，以免让学生觉得单词只是一系列不连贯的符号，学起来太枯燥难记，也能防止学生产生厌学情绪。其次，教师在讲解词汇时要注意文化教学。因为文化分析是词汇教学的重要组成部分。英语和汉语反映了两种不同的文化内涵，有相似之处，也有不同之处。因此，缺乏文化对比会直接影响语言习得，甚至产生理解障碍。

（2）学生方面

当代大学生都认识到了词汇学习的重要性，也很重视词汇的学习，于是就花费大量时间去背词汇。然而，由于方法不当，效果往往不尽如人意。一些学生抱怨词汇学习事倍功半，花费了很多时间和精力，有的甚至在英语词汇记忆方面所花费的时间比学习自己的专业所花费的时间还多，每天死记硬背词汇，如果记忆不准或错误就统统归咎于自己的记忆力差或努力不够。再者，学生在记忆单词时往往只是单纯地记忆词汇表，不留意单词出现的上下文语境。他们只记住单词的一个或两个中文意思，不知道其固定搭配、习惯用语和常用表达方式，结果导致只能读懂文章，而在写作或口语中不知道用哪个词更准确、更地道。要知道，词汇表或者词典上对单词、短语的解释是死的，语言的运用却是活的，机械记忆会造成很大程度上的误解。词典不是最重要的，关键在于语境。可以说，单词本身没有多少实际意义，机械记忆的词汇量再大，也不会真正提高外语水平。因此，学生要掌握行之有效的词汇习得策略。不要死记硬背词汇表，要能向词汇知识的深度和广度发展，从而彻底解决"背—忘—背—忘"的过程，以保持学生的学习热情。

2. 词汇教学的方法

根据词汇习得和词汇教学研究的成果，结合二语习得理论，我们提出下面一些词汇教学可操作性强的策略，供准教师和教师参考。当然，作为教学一线的教师，还可以根据相关的理论与自己的教学实际和经验提出更符合实际词汇教学的策略。

在英语词汇学习中，良好的学习策略有助于学生形成积极的学习态度，也能把学生的积极性转化为独立获取更多词汇的能力。在二语词汇习得领域，研究者把词汇学习方式分为直接学习和间接学习，或称作有意识学习和伴随学习。

直接学习是学习者做一些能将其注意力集中在词汇上的活动和练习，根据不同的任务完成相应的词汇练习。词汇直接学习要求学生不仅要掌握这些词汇的意义，还要掌握这些词汇更深层次的知识，如单词的意义、词法、句法及搭配知识。通过练习，学习者的词汇习得经历了从认知到运用的缓慢发展过程，不仅认识了这个单词，还能准确灵活地使用；间接的词汇教学包括通过阅读、听力、口语和其他教学活动间接扩大学生的词汇量。为使学生获得准确理解和使用词汇的能力，教师应在交际过程中教学生学习词汇，即通过间接方法学习词汇。特别是随着学生英语水平的提高，他们的词汇猜测能力和间接学习英语词汇的能力也在不断提高。

比如，通过阅读、看电影等方法能间接习得词汇。但这种学习方式只适合高频词汇的习得。不过，对于词汇的习得而言，这两种方式应该结合在一起，学习者应该注重和强化词汇信息的输入。当今的语言输入途径较以前增加了许多，除了书本以外，还有电影、电视、网络等媒体——这些现代技术手段增加了学习者学习的主动性，并有效地增强了教学内容的针对性，极大地改进了教师的教学方式、教学手段和教学方法，对词汇学习具有积极影响。不论用哪种学习方式习得词汇，都应从以下三个方面来开展。

（1）利用语言输出活动学习词汇

说和写都是语言输出活动。根据斯温纳（M. Swain）的语言输出假设语言产生（语言输出或称说和写）在某种情况下构成二语（外语）学习的过程，有促进二语（外语）习得的作用。通过说和写，我们不但能练习词汇的发音、拼写及使用时要注意的规律，而且可以明确我们是否能正确使用词汇，使用时会出现哪些问题，词汇的哪一部分问题我们还未能掌握（语言输出的两个功能，即练习功能和对语言形式注意的功能）。认识到聚焦意义的说和写活动对词汇习得的作用，我们就应在课堂教学或课外练习中多让学生练习说和写。说和写的活动形式已在相关章节中具体论述，这里不再重复。我们想要强调的是，可在说和写的任务中要求学生使用某些词汇、短语、固定搭配和一定的句式，以使他们更加熟练地掌握词汇的形式、意义和用法。

（2）培养学生词汇学习的策略

在语言学习的过程中，要培养学生学习词汇的策略。不管我们是使用间接的方法还是直接的方法学习词汇，即附带学习或有意学习词汇，我们都要使用一定的学习策略。从这个意义上来说，词汇学习策略的培养直接影响词汇学习的效果。在培养学生的词汇学习策略时要懂得策略本身并无好和不好之分，只要在一定的情景下使用恰当，有效果，都可算为好的策略。

（3）使用词块法学习词汇

利用合成词、派生词等总结和记忆单词。根据所学的词汇构成方法和特点来猜测、判断和记忆单词，这样可以使得单词的记忆更加轻松一些。因此，在词汇教学中，教师应该注意这一点，以帮助学生提高自我探究、自我发现、自我总结的能力，训练学生的单词记忆能力。例如，sad（adj）- sadness（n）。要让多数学生能参与其中，举出更多例子，如：ill - illness、sick - sickness、dark - darkness 等。让学生自主地归纳 adj + ness = n；再如，加 - er 后缀构成名词，如 sing - singer、work - worker。这样教学单词，可以帮助学生养成思考的好习惯，也为他们以后的学习打下良好的基础。

3. 语法教学

语法是语言的框架，赋予语言结构形式。它是对语言存在的规律性和不规律性的概括描述，是词形变化规则和用词造句规则的总和。语法教学可以有效地帮助语言学习者清楚地了解目标语言的语法规则和句子结构，规范语言的实际运用，并使之富有逻辑性。我们在学习语言时，无时无刻不受语法规则的支配。因此，具备扎实的语法知识，可以更快、更准地进行各项语言实践活动。在大学语法教学中，因为很多语法知识是学生们在中学阶段就已经掌握的，所以一再地反复、冗余重述是毫无意义的，学生必然形成被动、消极的态度。这就要求教师在教学中应当根据学生的具体情况，采用灵活多样的教学方法，以激发他们的积极主动性，使他们对英语语法形成全面、系统的认识，并能对语法现象做出正确、合理的分析，最终提高他们的英语学习水平和实际运用能力。

（1）语法教学的原则

语法教学应该在一定的原则指导下，以学生为中心，采取灵活多样的教学方法，精讲多练，使学生不但能够在使用语言的过程中全面系统地掌握语法知识，而且能够提高语言综合运用能力，同时培养其交际能力。那么，英语语法教学究竟应该遵循什么教学原则呢？

①英汉对比原则。我国的学生学习英语语法必然要受到汉语的影响，而英语语法和汉语语法有很大区别。概括地说，英语多长句，汉语多短句；英语重结构，汉语重语义。因此，英语语法教学必须依据这一特点，使用对比的方法，使学生对汉语和英语之间的差异产生敏感性，以加强汉语对英语学习的正迁移作用，减少负迁移作用，从而加速学生英语学习的进程，提高其英语学习效率。

②循序渐进原则。无论何种教学的开展，我们都要遵循这一原则，因为它符合我们认识事物和接受事物的规律。所以，在英语语法教学中，我们也应充分了解和掌握语法，在进行语法教学设计时，根据不同层次学生的不同教学要求，制定不同的教学内容，采取不同的教学措施。

③交际性原则。语言是为交际服务的，真正的语言能力是在交际活动中培养出来的，因此，在语法教学中应体现出交际的功能。所以语法不应该在孤立的句子中进行，而应在真实的交际活动中再现。教师在教学过程中，应以教学内容为中心，创设真情境，让学生在贴近生活实际的语言材料中感知、理解和学习语言，在语言交际实践中熟悉语言结构，发展言语技能，培养交际能力。

④实用性原则。实用性原则是指语法教学应以服务实际应用为出发点，不求面面俱到，但应重点突出。这就要求教师在语法教学时详略得当、有主有次地开展，对于如定语从句、语态、虚拟语气等常用语法，应结合课文和练习进行系统讲解和反复操练。

⑤多样性原则。语法教学要改变其在学生心目中的形象，方法之一就是要注意多样性。多样性包括活动的多样性、话题的多样性、课堂组织的多样性、评价的多样性以及教师指令的多样性。这样可以激发学生的学习兴趣，使原本枯燥的语法教学变得生动有趣。

（2）把语法知识贯穿在教学活动中

语法教学是非常有必要的，但并不是说一定要专门给学生开设语法课程，而是可以把语法教学融于整个英语教学之中。所以，语法作为英语的一部分，可以与听、说、读、写、译能力培养相结合，我们可以根据英语各方面技能训练的方式来强化学生英语语法的学习。现代语法教学不是强调反复的机械操练，而是重视引导学生对某一类语法结构的理解和运用。因此，利用已有的教学资源，将语法教学与读、写、听、说教学结合起来是完全可行的。但在设计教学活动时，教师要清楚学生学过哪些语法内容，学习的深度和广度如何，哪些内容需要深化，哪些方面需要补充。比如，对于虚拟语气的使用，学生在中学时已经有所接触，也比较熟悉虚拟语气中的动词变化规则，那么，在大学语法教学中教授虚拟语气，就不能只是停留在形式层面，而是要上升到语用层面：使用虚拟语气向别人提出建议时可以使语气委婉，比使用祈使语气的效果要好；拒绝别人时使用虚拟语气，可以更多地保留对方的面子。使用虚拟语气也可以使表述显得生动有趣，如"Nobody could save her even though Huatuo should come here.（即使华佗再世也无法救她。）"既指明了不可能存在的条件，也指出了不可能出现的结果。

教师可以围绕一定的语法形式设计一些口语活动，开展一些与社会现实相关的交际活动，以培养学生在真实语言环境中运用英语的综合能力。活动形式多样，如角色扮演、辩论、演讲、自由讨论等，使语法知识转化为灵活的口头形式。教师还可以给出一个具体的情况和相关的表达方式，让学生编织一个故事，并运用所学的语法规则，自由地表达自己，这种教学方法不仅可以活跃课堂教学气氛，调动学生的学习积极性，而且有利于提高教学质量，提高学生的学习效率。

二、英语教学的价值

英语教学的价值主要体现在英语课程的价值方面。

学习英语课程是学生通过英语学习和实践活动逐渐掌握英语知识和技能，提高实际运用语言能力的过程。语言既是文化的一部分，又是文化的载体。英语语言呈现了英语文化特有的语言思维方式、价值观念、生活方式等文化特性，同时，这些特性又制约着语言修辞策略的选择和语言意义的生成。在英语教育教学过程中，虽然教学内容是与语言相关的知识内容，但是语言的文化性意味着学习者对英语的学习，实际上也是对英语文化的学习，语言学习的过程也是英语文化理解、传播的过程。因此，英语教育实际上是一种文化教育，引导学生通过语言学习来了解文化是英语教育教学的重要任务。

（一）英语和英语教育的作用和地位

世界上不同的语言有着不同的作用和地位。语言的作用和地位受多种因素的影响。有的语言只在某一国家或地区作为母语使用，但是有的语言如英语，不但在本族语国家被作为母语使用，而且被其他许多国家当作第二语言或外语使用。

目前，英语是世界上使用最广泛的一门语言。另外，把英语当作第二语言（简称"二语"）或外语使用的人数甚至超过了以英语为本族语者的人数。在中国，英语被视为外语。但是严格来说，如果外语是外国语的简称，今天的英语并不是外语，因为它并不是某一个或几个外国的语言。英语有许多种类，包括英国英语、美国英语、加拿大英语、澳大利亚英语、新西兰英语、印度英语、新加坡英语、马来西亚英语、南非英语等，这些带国名的英语都可以说是外国语。但是，当我们不管地域区别，单说"英语"时，这种英语不属于任何一个国家，它是一个含有多个变体的语言集合体。由于当今世界许多地方都有相当多的人使用这一语言集合体的某种变体，因此，英语现在实际上是一种国际通用语。

把英语看作一种外语，如同几个世纪前说拉丁文是一种外文。今天，英语已经通过各种渠道进入中国，成为中国人每天都不得不面对的现实，成为语言生活的重要内容。对于近二十年受过高等教育的几乎所有人来说，英语是他们可以在不同程度上使用的第二语言；对于每个人来说，英语是他们每天可以接触到的第二语言。例如，CD、DV、DVD、DNA、CDP、PK，这些英语词人们每天不知听到或看到多少次；bye-bye、cool、OK、sorry、thank you、wow yeah，这些英语词语已经融入无数人的日常用语中。从北京、上海、广州等大城市和旅游城市的双语路牌，到旅游景点和涉外宾馆的英文介绍和服务；从无数产品包装上的英文译文，到不少学术刊物上所发文章附带的英文题目和摘要；从各种英文书籍和报刊，到英语广播和电视频道；从地铁里到飞机上，英语的身影和声音在我国大江南北随处可见。

(二) 英语在教育中的地位

在过去的三十多年中，英语在中国占据着前所未有的重要地位。随着中国在经济、政治、文化、教育、军事、外交等国际事务中扮演着越来越重要的角色，越来越多的中国人投身国际事务中，他们对英语作为国际通用语的价值的认识，不论是从个人还是从国家的角度来说，英语都是通向未来的桥梁，英语是国际化的原因和结果，等等。因此，英语教育也受到了空前的重视。

高等教育的各学科都要与国际学术接轨，只要接受高等教育，就有必要学习英语。至于完成学业步入社会之后从事什么工作，这些工作实际使用多少英语，那是另外一个问题。一个人的职业选择受到许多因素的制约，这些因素在很大程度上与学校教育和学术无关。既然高等教育现在要求人人学英语，那么为高等教育输送人才的基础教育也就必须开设英语课程。

第三节　英语教学法及其相关学科

一、英语教学法和教育学

英语教学属于教育范畴。教育学的原则和方法在英语教学中起着指导作用，可以应用于英语教学中。通过研究英语教学方法，我们可以运用教育学的理论来解决教学中的问题。

教育目的、教育政策和培养目标从宏观层面影响着英语教学。而且，英语课程的开设、开设的课时数、课程的目的和要求都受到它们的限制和影响。

在教育学中，教育要适应社会发展和学生发展的需要，这能帮助我们更好地理解历史上的各种教学方法是怎样因社会需要而发展起来的；同时，它们也可以帮助我们根据学生的年龄、心理和生理发展的特点选用适当的教学内容和教学方法。教育学中所论述的教学原则也能用来设计课堂活动，这些原则包括科学性和思想性统一的原则、理论联系实际的原则、直观性原则、启发性原则、循序渐进原则、因材施教原则等。

在教育的过程中，教育学提出"教师主导，学生主体"的思想，它为我们正确处理教师与学生之间的关系，摆正教师和学生在英语教学中的地位提供了原则和依据。我们可以把这些原则应用于英语教学实践，建立尊师爱生、民主平等的良好的师生关系，积极创造良好的语言环境，调动学生的学习积极性，并激发他们学习的兴趣，提高英语教学水平。

在英语教学中，还要结合语言学习的特点，设计英语课外活动，促进英语学习。除了应用教育学的原理和原则外，教育测量理论和方法也可以应用于调查测试建议和测试结果、设计英语教学实验、处理数据和评估英语教学工作。可以说，在英语教学的实践中，我们需要运用教育学相关的原则和方法。

二、英语教学法和语言学

语言学是研究语言系统的科学，英语教学法是研究一种语言——英语教学的学科，两者的研究都涉及语言，因此，它们之间必然具有密切的关系。在语言学领域，理论语言学或一般语言学研究语言的一般原理和人类语言的特征。这些原则和特征反映了人们对语言的看法，可以称为语言观点。人们从不同角度对语言的讨论加深了人们对语言特征的理解。对语言的不同看法和理解，使人们在不同时期，根据不同的社会需求，创造出不同的英语教学方法。例如，听说法和情景法是建立在结构语言理论基础上的教学方法；认知法可以说是受乔姆斯基转化生成语言理论影响而确立的一种教学方法。当然，建立不同的英语教学方法不仅取决于语言理论的不同，还取决于语言学习的理论。

除了普通语言学外，语言学的其他分支对英语教学法也具有影响。描述语言学集中研究某一语言的系统、结构，向我们提供有关英语结构和规则的描述；英语语音学描述英语语音的特点、语音现象和语音规律；英语语法学阐述英语语法规则和英语的结构；英语词汇学对英语的词汇特点做详细的描述。这些语言学的分支能为英语教学研究提供丰富的材料，在选取英语教学内容方面，我们也可以从这些学科里找到原则和依据。

作为语言学的一个新的分支，社会语言学将语言作为一种社会现象进行研究，研究语言运用中不同的功能变体、文体、语域、话语范围和语码使用。社会语言学唤起人们对语言得体性的注意，这一点对英语教学法也有启示作用：英语教学应重视培养学生使用得体语言的能力。英语教学法不仅与教育学、语言学紧密相连，而且由于研究教与学的过程和教与学的规律，因此它还与心理学有着密切的关系。

三、英语教学法和心理学

心理学是研究心理现象的科学，它不但对构成认识过程的感觉、知觉、记忆、思维、想象进行研究，而且还对构成个性心理的因素如需要、动机、兴趣、能力、性格等进行探讨。英语教学是教师和学生之间的双向活动。心理学可以帮助教师了解和认识教学过程中学生的心理现象，掌握学生的学习心理，帮助教师了解学习过程的特点、学生的个性特点及探索提高英语学习效率的途径。

学习是心理学（特别是教育心理学）研究得较多的一个问题。不同的学者从不同的角度对学习进行了不同的实验，并提出了不同的学习理论。而英语学习是人们进行学习的一种活动，同样受学习理论的影响。事实上，不同的学习理论，如斯金纳的操作条件反射论、布鲁纳（Jerome Seymour Bruner）的认知发现学说等，都在创建不同的英语教学法的过程中与不同的语言理论相结合，构成了不同的英语教学法的理论心理。语言学主要研究语言的学习和使用，即个体怎样理解、生成和获得语言。心理语言学中关于儿童习得语言特点的论述，如"儿童置身于语言环境是儿童习得语言的必要条件""语言的理解先于语言的生成"，为英语教学大纲中教学内容的制定、教学方法的设计以及第二课堂（课外活动）的开展提供了原则和理论依据。外语阅读的相互作用模式就是根据"图式理论"设计的外语阅读策略，而"图式理论"来源于德国的格式塔心理学派，这是一个很有影响的心理学派，这也说明了英语教学法与心理学及其分支学科之间的紧密联系。

四、英语教学法和哲学

英语教学法研究英语的教与学，在研究过程中，我们会碰到各种各样的现象和问题。要根据当时、当地的实际情况对现象和问题进行分析和探讨，就需要掌握认识和分析问题的方法。从这个意义上来说，学好马克思列宁主义的哲学体系，以它的世界观和方法论来武装自己，也是研究所需要的，因为这种世界观和方法论是最完整、最深刻，而无片面性弊病的关于发展的学说。

掌握马克思主义的世界观和方法论，有助于我们在研究英语的教与学时客观、准确、全面、辩证地研究教与学中的现象和问题，探讨教与学之间的关系，摸索教与学的规律。这样，才能按照学生的实际年龄与不同的心理特点、语言背景、个性，在不同的教学阶段按照不同的教学目标来制定不同的具体要求和教学方法；才能从实际出发，辩证地看待各个教学法流派，认识它们的长处，摒弃不足，并能按照教学实际，灵活地使用各种教学方法；也才能对国外学者的研究成果做实事求是的分析，并能按照自己的实际情况，运用他们的研究成果来设计符合自己学生实际英语水平的策略。

一些哲学家对语言的研究促成了哲学中的一个分支——语言哲学的产生。哲学家对语言的研究成果也作用于英语教学法。例如，哲学家格赖斯（Grice）提出了会话含意理论。在会话含意理论中，格赖斯提出了他的"合作原则"，并说明了组成此"合作原则"的四个准则，即质的准则、量的准则、相关的准则和方式的准则。格赖斯会话含义理论为我们在正确理解会话意义方面提出了原则性的意见。在英语教学中，应如何使用这些原则和准则，以达到更好地理解语言的目的，也是英语教学法要研究和探讨的问题。从这个意义上来说，哲学不但为英语教学法提供了研究的方法，还提供了对教学有启发作用的理论。

第二章 大学英语教学的基本理论

第一节 大学英语教学的内涵解析

一、大学英语教学的界定

作为一项活动,教学贯穿整个人类社会的生产与发展过程中。也就是说,教学在原始社会就产生了,只不过原始社会将教学与生活本身视作一回事,并不是将教学视作独立的个体存在。但是,随着社会的不断发展,教学逐渐独立出来,成为一个单独的形态,并对人们的生产生活产生了重要的影响。由于角度不同,因此人们对教学概念的理解也不同。

有人认为教学即教授。从汉字词源学上分析,"教"与"教学"有不同的解释,但是在我国教育活动中,人们往往习惯从教师的角度对教学的概念进行解释,即将教学理解为"教",因此"教学论"其实就等同于"教论"。

有人认为教学即教师的教与学生的学。教师与学生将课程内容作为媒介,为了实现共同的目标,彼此共同参与活动中。也就是说,教学不仅包含教,还包含学,教与学是同一过程的两个方面,彼此相辅相成、不可分割。教学的根本目的在于促进学生的进步和发展。因此,这一观点是对前面两个观点的超越。对于这一观点,其主要强调的是教师指导学生"学习",即教师"教学生学",重视学生学习方法的传授等,使学生学会自主学习。

二、大学英语教学的属性

(一) 有目的、有计划的系统性活动

说教学具有计划性、目的性,主要在于教学是为了让学生获得知识与技能,实现多层面的发展。在教学活动中,教师需要从教学任务与教学目的出发,将课程内容作为媒介,

通过各种方法、手段等引导学生进行交往与交流，促进学生的全面发展。

大学英语教学系统性主要体现在其制定者的工作中，如教育行政机构、教研部门和学校的教学管理者等的工作。大学英语教学的计划性指的是对英语基础知识的计划性教学，如大学英语语音、词汇、语法、写作、阅读等具体知识和技能的传递。

（二）教师教与学生学的统一活动

前面通过对教学的定义进行介绍可知，无论从哪个角度而言，人们都不能否认教学活动是"教"与"学"的过程，且二者是相互制约、相互依赖的关系。在课堂中，教师的教离不开学生的学，学生的学自然也离不开教师的教，因此二者是同一过程的两个层面。

需要指明的是，大学英语教学并不是教与学的简单相加，而是教师指导学生学习的过程，是二者相统一、相结合的过程。要想保证教与学的统一，不能片面地强调只有教或者只有学，也不能片面地简单相加，而应该从学生自身的学习规律与身心发展特点出发，进行教与学的活动。从这一点来说，教师教学能否成功的关键是学生的学。

（三）教师与学生以课程内容作为媒介的活动

也就是说，在教师教与学生学之间，课程内容充当中介与纽带的角色。师生围绕这一纽带开展教学活动。因此，大学英语课程内容是教学活动能否开展的必要条件。

（四）以建构意义作为本质的活动

大学英语教学活动的目的在于促进学生全面发展，实际上这一目的实现的过程就是学生不断建构知识意义的过程，即学生对原有知识与经验进行重组，对新知识的意义加以建构的过程。在实际的学习中，学生只有将新旧知识的意义结合起来，才能真正地学好知识、掌握知识。

第二节　大学英语教学的理论依据

一、语言本质理论

（一）语言结构与实际话语

美国描写主义语言学和结构主义语言学的代表人物有博厄斯（F. Boas）及其学生萨丕尔（E. Sapir）。他们对美洲印第安人百来种土著语言的描写，开创了描写语言学和结构语言学的先河。布龙菲尔德（L. Bloomfield）《语言学》的出版，标志着结构主义语言学的诞生，并在20世纪30年代初至50年代末成为世界上占统治地位的语言学流派。布龙菲尔德完全赞同索绪尔把语言区分为语言和言语两个方面的观点，并根据这一观点，把语言区分成语言结构和实际话语两个因素。

1. 语言结构

语言结构的特征对社团全体说话者来说是一样的，是语音、语法范畴和词汇等组成的一个严格系统。语言系统是一个语音、词汇、语法习惯的稳定结构，是一个语言社团可能说出的话的总和。

2. 实际话语

实际话语（言语）的特征是语言系统未固定的方面，各方面各不相同，而且在系统的特征上都是因时因地和因具体情境无限变化的。实际上，布龙菲尔德描述习惯的、稳定的和严格的语言结构系统与实际话语的区别特点，与索绪尔的语言与言语的内涵完全一致。

（二）语言与言语行为

奥斯汀（Austin）的言语行为理论首次将语言研究从传统的句法研究层面分离开来。奥斯汀从语言实际情况出发，分析语言的真正意义。言语行为理论主要是为了回答语言是如何用之于"行"，而不是用之于"指"的问题，体现了"言则行"的语言观。奥斯汀首先对两类话语进行了区分：表述句（言有所述）和施为句（言有所为）。在之后的研究中，奥斯汀发现这两种分类有些不成熟，还不够完善，并且缺乏可以区别两类话语的语言特征。于是，奥斯汀提出了"言语行为三分说"，即一个人在说话时，在很多情况下，会同时实施三种行为，即以言指事行为、以言行事行为和以言成事行为。

1. 表述句和施为句

（1）表述句

以言指事，判断句子是真还是假，这是表述句的目的。通常，表述句是用于陈述、报道或者描述某个事件或者事物的。

换句话说，不论它们所表达的意思是真还是假，所表达的命题均存在。但是，在特定语境中，表述句可能被认为是"隐性施为句"。

（2）施为句

以言行事是施为句的目的。判断句子的真假并不是施为句表达的重点。施为句可以分为显性施为句和隐性施为句。其中，显性施为句指含有施为动词的语句，而隐性施为句则指不含有施为动词的语句。

总结来说，施为句主要有如下四个特点。

第一，主语是发话者。

第二，谓语用一般现在时第一人称单数。

第三，说话过程包含非言语行为的实施。

第四，句子为肯定句式。

隐性施为句的上述特征并不明显，但能通过添加显性特征内容进行验证。例如：

学院成立庆典现在正式开始！

通过添加显性施为动词，可以转换成显性施为句：

（我）（宣布）学院成立庆典现在正式开始！

通常，显性施为句与隐性施为句所实施的行为与效果是相同的。

2. 言语行为三分说

奥斯汀对于表述句与施为句区分的不严格以及其个人兴趣的扩展，很难坚持"施事话语"和"表述话语"之间的严格区分，提出了言语行为的三分说：以言指事行为、以言行事行为和以言成事行为。指"话语"这一行为本身即以言指事行为；指"话语"时实际实施的行为即以言行事行为；指"话语"所产生的后果或者取得的效果即以言成事行为。换句话说，发话者通过言语的表达，流露出真实的交际意图，一旦其真实意图被领会，就可能带来某种变化或者效果、影响等。

言语行为的特点是发话者通过说某句话或多句话，执行某个或多个行为，如陈述、道歉、命令、建议、提问和祝贺等行为。并且，这些行为的实现还可能给听者带来一些后果。因此，奥斯汀指出，发话者在说任何一句话的同时应完成三种行为：以言指事行为、以言行事行为和以言成事行为。例如：

我保证星期六带你去博物馆。

发话者发出"我保证星期六带你去博物馆"这一语音行为本身就是以言指事行为。以言指事本身并不构成言语交际，而是在实施以言指事行为的同时，包含以言行事行为，即许下了一个诺言"保证"，甚至以言成事行为，因为听话者相信发话者会兑现诺言，促使话语交际活动的成功。

在奥斯汀之前的实证哲学家都认为，句子只能用于对某种情况、某种事实加以描述与陈述，因此认为其只适用于正确或错误的价值，但是言语行为理论明确指出话语在现实中有行事的能力，其不仅强调发话者的主体作用，也强调听话者的反应，因此其在英语教学中有重要的意义。

对于教师来说，言语行为理论的核心在于以言行事或以言成事，即强调语言需要在具体的实践中得以应用才更有意义，语言研究也应该侧重于具体的运用，而不仅仅是对词汇、语法等的研究。这一理论对于大学英语教学而言非常重要，也给予教师一定的启示，即在大学英语教学中，可以将言语行为理论融入其中，转变教师的角色，使他们从主导者转向参与者与组织者，让学生能够积极地参与学习之中。同时，言语行为理论也要求教师在讲课中应该保证体裁与题材的广泛性，内容要与时代要求相符，并融入跨文化交际的知识与内容，这样才能让学生在语言知识与文化知识上得到全方位的进步与发展。

对于学生来说，言语行为理论对于他们的二语学习非常重要，因为英语这门语言实践性很强，而大学英语教学主要是为了培养他们的能力，也是立足实践的，因此英语这门语言可能与他们的需求不谋而合。以言语行为理论作为指导，学生可以积极地参与实践中，在实践中不断提升自身的语言能力与文化水平，从而调动自身学习语言的积极性与主动性。

（三）语言与会话分析

要想了解会话含义，首先需要弄清楚什么是含义。从狭义角度来说，有人认为含义就是"会话含义"；但是从广义角度来说，含义是各种隐含意义的总称。含义分为规约含义与会话含义。格赖斯认为，规约含义是对话语含义与某一特定结构间关系进行的强调，其往往基于话语的推导特性产生。

会话含义主要包含一般会话含义与特殊会话含义两类。前者指发话者在对合作原则某项准则遵守的基础上，其话语中所隐含的某一意义。

特殊会话含义指在交际过程中，交际一方明显或者有意对合作原则中的某项原则进行违背，从而让对方推导出具体的含义。因此，这就要求对方有一定的语用基础。

提到会话含义，就必然提到合作原则，其是会话含义最好的解释。合作原则包括下面四条准则。

第一，量准则，指在交际中，发话者所提供的信息应该与交际所需相符，不多不少。

第二，质准则，指保证话语的真实性。

第三，关系准则，指发话者所提供的信息必须与交际内容相关。

第四，方式准则，指发话者所讲的话要清楚明白。

二、语言学习理论

(一) 行为主义学习理论

行为主义学习理论源自著名生理学家巴甫洛夫（Pavlov）的"条件反射"这一概念。受巴甫洛夫的影响，很多学者开始研究行为主义理论，如著名的学者华生（Watson）与斯金纳。

美国著名的心理学家华生创立了行为主义学习理论。20世纪初期，他提出了采用客观手段对那些可以直接观察到的行为进行研究与分析。在他看来，人与动物是一样的，任何复杂行为都会受到外界因素的制约与影响，并往往需要通过学习才能将某一行为获得。当然在这之中，一个共同的因素——刺激与反应是必然存在的。基于此，华生提出了著名的"刺激－反应"理论，这一著名的行为主义心理学公式可以表示如下。

S－R，即 Stimulus－Response.

美国学者斯金纳在华生行为主义学习理论的基础上进行了深入地研究与探讨。在斯金纳看来，人们的言语及言语中的内容往往会受到某些刺激，这些刺激可能来自内部，也可能来自外部。通过重复不断的刺激，会使效果更为强化，使人们学会合理利用语言相对应的形式。在这之中，"重复"是不可忽视的。

行为主义学习理论在实际教育中的应用普遍可见。例如，在课堂教学中，对于认真听讲的学生，教师会不吝表扬，这部分学生受到激励后会保持认真听讲的态度与行为，而不认真听讲的学生为了可以受到表扬，也会转变学习态度，认真听讲。事实上，让上课不认真的学生变得认真是教师表扬上课认真听讲的学生的主要目的。

下面简要归纳行为主义学习理论的基本观点。

第一，学习是刺激与反应的连接。

第二，学生的学习过程是尝试错误的渐进过程。错误在学习中难免会出现，对此要正确看待。

第三，表扬、批评等强化手段是影响学习的重要因素。

对于英语教学而言，行为主义学习理论有着重要的指导意义。具体而言，主要体现为如下四点。

第一，即时反应，即位于刺激后的反应，二者有着较长的间隔，反应会逐渐淡化。

第二，重视重复，即通过重复，能够加深学生对知识的记忆程度，从而使行为发生得更为持久。

第三，注意反馈，即教师应该让学生明确反应是正确的反应还是错误的反应，然后给出具体的反馈。

第四，逐步减少提示，即减少学生的学习条件，然后期待学生向理想的程度发展。

总之，行为主义学习理论促进了视听教学、程序教学及早期CAI的发展。但是，行为主义学习理论也存在一些缺点：它是对人类学习的内在心理机制的完全否定，将动物实验的结果直接生搬硬套地推到人类学习上，忽视了人类能够产生主观能动作用，其实是走向了环境决定论和机械主义的错误方向。

（二）认知主义学习理论

认知主义学习理论认为学习个体本身会对环境产生这样或那样的作用，大脑的活动过程能够向具体的信息加工过程转化。布鲁纳、苛勒（Wolfgang Kohler）、加涅（Robert Mills Gagne）和奥苏贝尔（David Pawl Ausubel）等是认知主义学习理论的主要代表人物。

人要在社会上生存，必然与周围环境互相交换信息，作为认知主体的人也会与同类发生信息交换的关系。人是信息的寻求者、形成者和传递者，从一定意义上来讲，人的认识过程就是信息加工的过程。

认知学习理论的基本观点为，在外界刺激和人内部心理过程的相互作用下才形成了人的认识，而不是说只通过外界刺激就能形成人的认识。依据这个理论观点，可以这样解释学习过程，即学生从自己的兴趣、需要出发，将所学知识与已有经验利用起来对外界刺激提供的信息进行主动加工的过程。

从认知学习理论的基本观点来看，教师不能简单地将知识灌输给学生，而要将学生的学习动机激发出来，对学生的学习兴趣进行培养，使其能够将已有的认知结构和所要学的内容联系起来。学生的学习不再是被动消极的，而是主动选择与加工外界刺激提供的信息。

认知主义学习理论认为，影响学生学习的因素中，学生自身已有的认知结构具有非常重大的影响，在教学中应将教学内容结构直观地展示给学生，让学生对各单元教学内容之间的相互关系有深入地了解。

（三）建构主义学习理论

建构主义学习理论认为个体与外部环境的交互作用使得知识得以产生，人们会从自己的已有经验出发来理解客观事物，每个人对知识都有自己的理解和判断。维果斯基（Lev Vygotsky）、皮亚杰（Jean Piaget）等是建构主义学习理论的主要代表人物。

建构主义学习理论认为，学生是在一定情境下，通过自己的主观参与，同时借助他人的帮助，通过意义建构的方式获得知识的，而不是通过教师传授得到知识的。

建构主义教学理论要求教师在学生主动建构意义、获取知识的过程中起到帮助和促进的作用，而不是给学生简单灌输和传授知识。因此，在教学过程中，教师首先要转变教育思想，改革教学模式。学生是在一定的学习环境下获取知识的，在获取知识的过程中需要主观努力，也需要他人帮助，而且离不开相互协作的活动。建构主义学习理论要求有利于学生获取知识的学习环境应具备情境创设、协作、会话、意义建构等基本属性或要素。下面具体分析这四个基本要素。

学习环境中必须有对学生意义建构有利的情境。在建构主义学习环境下，教师要基于对教学目标的分析与对学生建构意义的情境创设问题的考虑而设计教学过程，并在教学设计中把握好情境创设这个关键环节。

在学生的整个学习过程中都离不开协作，如学生收集与分析学习资料、提出和验证假设、评价学习成果及最终建构意义等都需要不同形式的协作。

在协作过程中，会话这个环节是不可或缺的。学习小组要完成学习任务，必须先通过会话来商讨学习的策略。学习小组成员之间协作学习的过程也是相互不断会话的过程，在这个过程中，学生的学习资源包括智慧资源都是共享的。

学习过程的最终目标就是意义建构。建构的意义是指事物之间的本质、原理和内在联系。帮助学生在学习中建构意义，就是帮助他们深刻理解学习内容所反映的事物的本质和原理，以及它们与其他事物之间的内在联系。

（四）二语习得理论

除了对第一语言习得的关注外，心理语言学对第二语言习得也非常注重。所谓第二语言习得，即人们第二语言的形成与发展的过程，其与第二语言学习有所不同，各有侧重。

作为一门独立的学科，二语习得理论真正形成于20世纪70年代。该理论的主要代表人物是美国南加州大学语言学系的教授克拉申（S. Krashen）。克拉申是在总结自己和他人经验的基础上提出这一理论的。

二语习得理论主要对二语习得的过程与本质进行研究，描述学生如何对第二语言进行获取与解释。对于这一理论的研究，克拉申做出了巨大贡献，并提出五大假设。

1. 习得—学得假说

所谓习得，指学生不自觉地、无意识地对语言进行学习的过程。所谓学得，即学生自觉地、有意识地对语言进行学习的过程。

2. 自然顺序假说

克拉申提出的这一假说主要强调语言结构的习得需要一定的顺序，即根据特定的顺序来习得语法规则与结构。当然，这在第二语言习得中也适用。

在英语作为第二语言习得过程中，人们对进行时的掌握最早，对过去时的掌握比较晚；对名词复数的掌握比较早，对名词所有格的掌握比较晚。

3. 监控假说

克拉申的监控假说区分了习得与学得的作用。前者主要用于输出语言，对自己的语感加以培养，在交际中能够有效运用语言；后者主要用于对语言进行监控，从而检测出是否运用了恰当的语言。

同时，克拉申认为学得的监控是有限的，受一些条件的影响和制约，具体归纳为如下三点。

第一，需要充裕的时间。

第二，需要关注语言形式，而不是语言意义。

第三，需要了解和把握语言规则。

在这些条件的制约下，克拉申将对学生的监控情况划分为以下三种。

第一，监控不足的学生。

第二，监控适中的学生。

第三，监控过度的学生。

4. 输入假说

克拉申的输入假设和斯温纳（Swain）的输出假设是从两个不同的侧面来讨论语言习得的观点，都有其合理成分，对外语教学也有一定的启示。输入假说的内容主要有以下三点。

第一，与习得有着紧密关系而非学得。

第二，掌握现有的语言规则是前提条件。

第三，"$i+1$" 模式会自动融入理解中。

5. 情感过滤假说

"情感过滤"是一种内在的处理系统，在潜意识上以心理学家们称之为"情感"的因素阻止学习者对语言的吸收，是阻止学习者完全消化其在学习中所获得的综合输入内容的一种心理障碍。

克拉申的情感过滤假说是指在第二语言习得中，将情感纳入进去。也就是说，自尊心、动机等情感因素会对第二语言习得产生重要影响。

克拉申主要把他的二语习得理论归纳为两条：习得比学习更重要；为了习得第二语言，两个条件是必需的，即可理解的输入（i+1）和较低的情感过滤。

三、需求分析理论

需求分析理论对英语学习策略具有重要的指导意义。学习策略的选择只有以需求分析为基础，才能提高其有效性，因此，下面对需求分析理论进行概述，主要内容涉及需求分析的内涵、对象、内容、过程及启示五个层面。

（一）需求分析的内涵

需求分析有广义与狭义之分。广义的需求分析是指学习者除了自身的学习需求外，还需要考虑单位、组织者、社会等其他方面的需求。狭义的需求分析则仅涉及学习者个人自身的学习需求。

在语言教育领域中，最早出现的需求分析是针对专门用途英语展开的。在专门用途英语的学习中，学习者的学习需求主要表现在为了达到某些目标所需求的语言知识、语言技能而展开学习。后来，随着大学英语教学的深入发展，"需求"的应用范围越来越广泛，涉及语言、教材、情感等方面的人的需求、愿望、动机等。

（二）需求分析的对象

需求分析的对象包括以下四个方面。

1. 学习者

这主要包括学生以及其他有学习需求的学习者。

2. 观察者

这方面主要包括教师、教学管理人员、助教、语言项目的相关领导等。

3. 需求分析专家

这主要是指专业人员或者具有丰富经验的大纲设计教师等。

4. 资源组

这方面指的是能够提供学习者信息的人，如家长、监护者、经济赞助人等。

(三) 需求分析的内容

一直以来，众多学者对需求分析展开了研究，不同学者对这方面的研究存在不同视角，所得出的成果自然也存在差异。同样，对于需求分析的内容，不同学者也提出了不同的看法。

1. 哈钦森和沃特斯的观点

学者哈钦森（Tom Hutchinson）和沃特斯（Alan Waters）认为，需求分析包括目标需求、学习需求两个方面。其中，目标需求指的是学习者在目标情景中所能掌握的可以顺利使用的知识、技能。另外，这两位学者又进一步将目标需求分为必备需求、所缺需求、所想需求。学习需求指的是学生为了掌握所需要掌握的知识内容所进行的一切准备活动。

2. 布朗的观点

学者布朗（Brown）认为，学习需求在内容上可以分为以下三大类，他认为这种分类方式可以有效缩小需求分析的调查范围。

第一，形式需求与语言需求。

第二，语言内容的需求和学习过程的需求。

第三，主观需求和客观需求。

3. 伯顿和梅里尔的观点

伯顿（J. K. Burton）和梅里尔（Merrill）认为需求分析涉及如下六大层面。

第一，预期需求，即将来的需求。

第二，表达需求，即个体将感到的需求进行表达的需求。一般来说，这可以采用多种形式，可以是座谈，可以是面谈，还可以是观察等，便于对方提取信息，从而对表达需求予以确定。

第三，标准需求，即学习者个体与群体的现状与既定目标间存在的某些差距。

第四，感到的需求，即个体感受到的需求。

第五，相比需求，即通过对比找到个体与其他个体的差距，或者同类群体之间的差距。

第六，批判性实践的需求，即一般不会轻易发生，如果发生那么必然导致某些严重后果的一种需求。

4. 布林德利的观点

布林德利（Brindley）认为需求主要包含如下两大层面。

第一，主观需求，即学习者学习语言的情感、对语言学习的认知层面的需求，包含对语言学习的态度、是否持有自信心等。

第二，客观需求，即学习者性别、年龄、背景、婚姻状况、当前的语言水平、当前从事的职业等各方面的信息。

（四）需求分析的过程

1. 制订计划

需求分析的第一步就是制订计划，这一步非常关键。首先，制订计划要对需求分析的时间加以确定，具体来说包含三个阶段：课前阶段、课初阶段、课中阶段。其次，对需求分析的对象进行确定，其涉及教师、学生、文献等。最后，对研究方法加以涉及，并确定采用何种技术进行数据的收集。当然，这其中应该确定需求分析由哪些人进行参与。

2. 收集数据

在进行需求分析的过程中，可以运用工具和程序，对数据与资料进行收集。一般来说，数据收集的方式可以是观察得到的，也可以是案例分析得到的，还可以是访谈或者调查得到的，除此之外还可以是测试、观摩等。在实际的操作中，我们可以具体问题具体分析，从不同的因素加以考量，这样才能保证调查结果更为准确、科学。

3. 分析数据

分析数据就是对数据展开排列和优化，从而形成结论。在分析的过程中，应该采用合理的数据分析方法，并且与自身的研究目的相一致。

分析方法存在差异，研究方法也存在差异，这时候可以从整体上对学生的需求加以满足，如在测试结果分析中，对及格人数的百分比进行分析，并研究单向技能通过率的平均值；在问卷结果分析中，对各个选项的人数与百分比进行计算。

4. 写分析报告

需求分析的最后一个环节就是写分析报告，在这一阶段，可以总结需求分析的对象、过程以及学习的目标，基于数据分析的结果，用简要的图表或者文字表达出来，并提出合理的建议。

在需求分析时，有一些问题需要注意，具体来说主要有如下十一个问题。

第一，特定环境下如何定义需求。

第二，在现实问题中需求的实质。

第三，需求的程度及其严重性。

第四，需求的原因以及具体动机。

第五，需求的预报。

第六，需求问题的数据分析。

第七，需求的范畴、种类等，以及需求分析的复杂性。

第八，需求所包含的成分。

第九，需求重点考虑哪些问题。

第十，关注需求引起的后果。

第十一，未关注需求引起的后果。

总之，需求分析的过程需要遵循有效性、可靠性、可用性的原则。同时，需求分析的反馈结果可以为今后学生的学习和课程的设置提供一定的指导和理论依据。

（五）需求分析理论对英语教学的启示

需求分析理论对英语教学的启示主要体现在以下两个方面。

1. 突出英语重难点

大学英语教学往往是在教学目标的指导下展开的，所以需要明确教学的重点与难点，如此才能有针对性地展开教学。可见，教学重难点是为整体教学目标提供服务的。

需求分析有助于确定教学中的重难点问题。通过实践，国内大学生对于听力学习、阅读学习以及口语学习都存在困难，因此在对教学目标进行规划时，可以将其视作重难点。而目标的多样性决定了重难点也是多种多样的。

2. 提升教学设计的效果

通过需求分析，可以对教学设计的必要性与可能性进行充分的论证，旨在使教师与学生集中精力，对教与学中的重难点问题加以解决，从而不断提升教与学的质量和效率。

具体来说，通过需求分析，教师可以对"差距"资料进行准确地把握，基于此来设计教学目标，同时需求分析可以作为教学目标、教学策略等设定的依据。

因此，需求分析对于大学英语教学而言十分重要，甚至决定着大学英语教学的成败，需要教育者加以关注。

四、信息化教学理论

既然涉及教育，那么必然涉及教与学这两大要素。而随着研究的深入，一些学者形成了很多关于教与学的理论，这对于教育信息化而言是非常重要的理论支撑。

（一）视听教育理论

1. 视听教育理论的核心——"经验之塔"

在教育中，教师会运用各种视听教学媒体，这些教学媒体发挥着非常重要的作用，视听教育理论也指出了这一点。视听教育理论是现代教育技术应用的基础理论之一，也是教育技术应用需要遵循的一个基本规律。

关于视听教育理论的研究，美国教育家戴尔（Edgar Dale）撰写了《教学中的视听方法》，在当时产生了巨大的影响，其中视听教育理论的核心——"经验之塔"理论出自本书。"经验之塔"理论将人们获得的经验划分为三种类型：做的经验、观察的经验和抽象的经验，并将经验获取方法分成若干层次。

（1）做的经验

做的经验主要源自三个层面：直接有目的的经验、设计的经验、游戏的经验。

其一，直接有目的的经验。在"经验之塔"模型中，位于最底部的是直接有目的的经验，指的是从日常生活的具体事物中获得的知识，这类经验最具体也最丰富，从日常生活中总结而来，学生获得直接经验是形成概念和进行抽象思维的基础。

其二，设计的经验。通过间接材料（如学习模型、学习标本等）获得的经验就是设计的经验。由人工设计、仿制的学习模型与标本和实物是有差异的，如大小差异、结构差异、复杂度差异等，尽管如此，学生利用这些材料可以更好地理解实际事物。

其三，游戏的经验。通过演戏、表演等获得的经验更接近现实。学生要获得关于社会观念、意识形态、历史事件等事物的经验，通过直接实践是行不通的，因此要根据这些事物的特点来设计相应的戏剧活动，让学生在活动中通过角色扮演获得逼真的经验。

上述三种经验的共同特征是通过学生的亲自实践而获得的，比较具体、丰富。

（2）观察的经验

观察的经验主要源自如下五个层面。

其一，观摩示范。学生先模仿别人，再亲自尝试，以获得直接经验。

其二，广播、录音、照片与幻灯片。学生听录音、广播，看幻灯片与照片，可获取相关信息，形成视听经验。这些经验来源的真实性不及电视、电影，比较抽象，但和完全抽象的经验相比，还是具有直接性的。

其三，参观展览。学生通过观察展览活动中陈列的实物、图表、模型、照片等事物而获取经验。学生在参观展览中看到的事物缺乏真实性，也不具有普遍意义。

其四，电视与电影。学生观看电视与电影获得的经验是间接的。利用电视、电影艺术可以将教学中的难点内容形象地表现出来，表现手法有编辑、动画、特技等，采用这些丰富的手法可以生动形象地呈现教学内容，使学生理解起来更方便。电视和电影相比，具有直接功能，相对来说学生观看电视获得的经验比观看电影获得的经验更直接。

其五，见习旅行。学生在参观访问、考察等活动中对真实事物进行观察与学习，从而增长见识，获得丰富的经验。

在学生的学习过程中，抽象思维伴随其整个过程，只是在程度上存在某些差异。随着信息技术的推广与发展，应在这层经验和电视与电影之间增加"计算机互联网"这个新的层次经验。

以上经验的共同点是通过学生的"观察"而获得的，它们在"经验之塔"中的分布越高，就越抽象。

（3）抽象的经验

抽象的经验主要源自言语符号与视觉符号两大类。

其一，言语符号。在"经验之塔"模型中位于最顶端的言语符号的抽象程度是整个模型材料中最高的。言语符号是事物与观念的抽象表示方法，包括口头语、书面语等。言语符号几乎不能单独发挥作用，而要和模型中的其他材料结合起来发挥作用。

其二，视觉符号。学生在示意图、图表等事物中获得的经验都是视觉符号经验，如水的流动方向用箭头代表，铁路用线条代表，等等。这些符号是真实事物的抽象表示形式，学生在这些视觉符号中无法看到真实事物的形态。和语言文字相比，视觉符号更直观，学生要对视觉符号所代表的事物有正确的理解，这样才能学到知识，并获得有价值的经验。

2. "经验之塔"理论的要点分析

"经验之塔"理论的基本要点如下。

第一，"经验之塔"模型中最底层的经验是最直接和最具体的学习经验，学生容易掌握，层次越高，经验的抽象程度和间接程度就越强。最抽象的是顶层经验，这一层次的经验便于形成概念，应用起来较为便捷。学生并不是一定要经历从底层到顶层的这个过程才能获得经验，也没有说哪个层次的经验比其他层次的经验更有价值，对经验进行层次划分，只是为了对不同经验的抽象程度有一定的认识。

第二，观察经验在"经验之塔"中处于中段位置，和抽象经验相比，这类经验更形象、具体，更容易被学生理解，有利于对学生的观察能力进行培养，并使其直接经验得到弥补。

第三，获得具体经验并不是学习的目的，要在获得具体经验后过渡到抽象经验，以形成概念，便于应用。在推理中需要用到概念，思维与求知都要以概念为基础，这有利于对实践进行有效地指导。在教育中不能过分重视直接经验和过分追求具体化的教学，而要尽可能使学生达到普遍化的充分理解。

第四，在学校教学中，为了使教学更直观、具体，应充分运用丰富的教学媒体手段，这也是使学生获得更好的抽象经验的重要手段。

总之，"经验之塔"理论模型对学习经验进行分类，说明各种经验的抽象程度，这与人们的认知规律相符，即从具体到抽象、从感性到理性、从个别到一般。

3. 视听教育理论的优劣

视听教育理论的核心是"经验之塔"，其对现代教育技术起到以下三个方面的作用。

第一，"经验之塔"理论划分出具体学习经验和抽象学习经验两种类型，提出学生的学习规律是从直观到抽象，这与人类的基本认识规律相符，为教学中对视听教材的应用提供了重要的理论依据。

第二，为划分视听教材的类型提供了重要的理论依据，即划分视听教材时，应参考的一个主要依据就是各教材所对应的学习经验的抽象程度，对视听教材的合理分类能够为划分教学媒体的类型和优化选择教学媒体奠定基础。

第三，有机结合视听教材与课程，这也是现代教育技术研究与应用的思想基础。

除了上述这些使用外，视听教育理论也具有以下局限性。

第一，只对视听教材本身的作用进行强调，而对设计、开发、制作及管理等一系列环节不够重视。

第二，视听教育理论对媒体在教学中的地位与作用的认识不到位，认为视听教材只是教学的辅助手段，这会导致教育改革的不彻底和视听教育的作用得不到充分发挥。

（二）教育传播理论

在现代教育学中，用传播学理论对媒体与教学过程进行研究，并对教学过程中媒体的作用机理进行探索，这是比较传统的一个研究手段，教育传播学就产生于这个研究中。下面主要对教育传播理论的模式、应用、传播过程的功能条件及教学传播中媒体的作用进行分析。

1. 传播理论及模式

传播源自拉丁文 communicure，是共享、共用的意思。英语中的传播 communication 被译为沟通、交流、传递等。当前，传播一般被解释为传播者运用一定媒体与受传者之间进行信息传递和交流的社会活动。传播有自我传播、人际传播、大众传播和组织传播四种类型，这是按照传播涉及人员的范围及传播对象划分的结果。关于传播的理论与模式，下面主要列举两个具有代表性的。

（1）香农－韦弗模式

美国伟大的数学家香农曾喜欢研究一些电报通信问题，他在 20 世纪 40 年代提出了一个和通信过程有关的单向直线式数学模型。之后，又与著名信息学者韦弗共同对这个模型进行了改进，将反馈系统加入该模型，于是便形成了香农－弗模型。

（2）拉斯韦尔模式

美国学者拉斯韦尔指出，传播过程是由"谁""说什么""采取什么途径""对谁""产生什么效果"五个线性要素共同组成的一种线性结构，也就是"5W 模型"。从传播学的角度来看，这五个要素分别对应的是信息源、信息本身、受传者、媒体以及期望的产出。

2. 传播理论对教学过程的解释与说明

利用以上传播模式可以对教学过程进行解释与说明，这些模式为教育传播学研究奠定了重要的理论基础。

（1）指出教学过程的双向性

早期传播理论片面地认为传播过程是单向的，也就是受传者对信息内容被动接受的过程。这种理论对信息接收者作为独立个体所拥有的主动性和自主性没有正确的认识。施拉姆模式指出传播过程是双向的互动过程，传播主体不仅包括传播者，还包括受传者。之所以能够循环不断地进行传播，主要是反馈机制在起作用，这也说明了受传者的主体作用。按照施拉姆传播模式，教学过程中包含教师与学生共同的传播行为，教师传播教学信息，学生接收的同时做出反馈，因此要从教与学两个方面出发来设计与安排教学过程，并将学生的反馈信息充分利用，及时调控教学过程。

第二章 大学英语教学的基本理论

（2）说明教学过程包含的要素

拉斯韦尔提出了"5W"直线性传播模式，用该模式可以解释一般传播过程。有人以此为基础构建了"7W"模式。该模式指出，传播过程包含七个要素，将该模式运用到教学中，也能说明完整的教学过程包含七个要素，如表2-1所示。

表2-1 教学过程的要素

Who	谁——教师
Says what	说什么——教学内容
In which channel	用什么方式——教学媒体
To whom	对谁说——教学对象
Where	在什么情况下——教学环境
With what effect	有何效果——教学效果
Why	为什么——教学目的

需要注意的是，在教学过程研究、教学设计安排及教学问题解决中，这些要素都应纳入考虑范围。

（3）确定教学过程的基本阶段

传播是一个连续的不断变化的过程，具有明显的动态性。为了便于研究，可将其划分为六个阶段，每个传播阶段都对应教学过程的一个环节，具体分析如下。

其一，确定教学信息。将所要传递的教学信息确定下来，这是教学传播的首要环节。教师要从教学目标出发来确定要传递的教学信息。通常，要传递的教学信息出自专家按照教学大纲指导编写的课程教材中。在这一阶段，教师要对课程教材认真钻研，细致分析各教学单元的内容，并进行适当分解，确定被分解后的内容所要达到的传递效果。

其二，选择传播媒体。这个阶段主要是进行信息编码，选择适当的媒体手段来呈现与传递信息，这个过程比较复杂，需要在科学原理的指导下循序渐进地完成。教师所选的传播媒体要满足以下要求：能将教学信息内容准确地呈现出来；方便获取，且传播效果较好；与学生的知识水平、经验相符，使学生接收和理解起来更快一些。

其三，传递信息。在这个阶段，重点是将以下两个问题解决好：确定媒体信号传播的范围；合理安排信息内容的传递问题，利用媒体对教学信息进行有序传递，尽可能减少外界环境对媒体信号的干扰。

其四，接收和解释信息。在教学过程中，学生作为教学主体，不仅要接收教师利用教学媒体传递的教学信息，还要对此进行解释，做出反应。从传播学的角度来看，这个环节主要是进行信息译码。学生先用感官接收信号，然后从自身知识水平与经验出发将接收的信号解释为信息意义，并在大脑中加以储存。

其五，信息反馈与教学评价。学生接收并解释信息后，知识得到增长，智力得到发展，但还需要通过评价来判断预期教学目的是否实现。观察学生的行为变化、课堂提问、课后作业、阶段性测试等都是可采用的评价方式。

其六，调整再传递信息。对比信息传播效果与预期教学目标，发现教学的不足，及时调整传播内容、传播媒体，然后再传递，以达到预期教学目标。例如，对于课堂上出现的问题，要在课堂上迅速解决；对于学生课后作业中存在的问题，如果是个别问题，以个别辅导为主，如果是共性问题，需要在课堂上集中解决；对于远程教育中的问题，多提供有价值的资料，或创造条件提供面授辅导。

（4）揭示教学过程的规律

随着传播学与教育学的不断融合，现代教学与信息传播逐渐拥有共同的规律，将传播学与教育学理论方法综合运用起来对教学过程与规律进行研究，可有效提高教学效果。

下面具体分析传播理论揭示的教学过程的规律。

其一，共识律。共识的含义有以下两点：教师对学生的知识水平和经验予以尊重，在共同经验范围内建立传播关系；教师以教学目标、教学内容的特点为依据，对教学方法与媒体进行选择与运用，以便向学生传授知识和技能，使学生将已有经验和即将接收的教学内容信息建立连接，从而取得更好的传播效果。共识是教师与学生在教学传播活动中顺利交流与沟通的前提与基础。学生的知识水平、已有经验及发展潜能是教师选择、组合及传递教学信息时必须参考的依据与考虑的要素。由于学生的知识与技能水平都在不断变化，教学传播也是动态的变化过程，所以一般不存在绝对的"共识"状态，而是一个螺旋上升的反复变化的过程，即不共识—共识—不共识等。在共识经验的创设中，教师必须依据学生的"最近发展区"来设定教学目标。

其二，选择律。选择教学内容、教学方法和教学媒体是教学传播过程中的主要工作环节，对这些教学要素的选择要与学生的身心特点、学习规律相符，要为教学目标而服务，争取以最小的代价最大化地实现教学目标。选择教学媒体在教育传播活动中最受关注。师生选择教学媒体一般与需要付出的代价成反比，与可能取得的教学成效成正比。所以，在教学媒体的选择中，要想方设法选择那些需要付出代价最少的教学媒体，花最小的代价取得最好的功效。

选择教学媒体的规律是，对于功效相同的教学媒体，优先选择需要付出代价少的；对于需要付出相同代价的教学媒体，优先选择能够取得良好功效的教学媒体。

其三，谐振律。谐振指的是传递信息的"信息源频率"接近接收信息的"固有频率"，在信息传递中，二者产生共鸣。要维持教学传播活动，并提高传播效果，就必须具备谐振这个条件。师生双方能否达成谐振，与信息传播的速度快慢、容量大小有关，如果速度、容量不合理，就会导致传播过程受阻，使传播活动无法继续。

教师传递信息的速率和容量要与学生认知的规律、接受能力相符，此外，还要在教学中营造宽松和谐的信息传达氛围，建立民主的师生关系，并注重对学生反馈的收集与对教学传播过程的调控，只有满足这些要求，信息传播的谐振现象才能顺利产生。不仅如此，教师还应有节奏地变换使用各种媒体方法与手段，才能使谐振现象长期维持下去。

其四，匹配律。匹配指的是在教学传播过程中，对教学对象、教学目标、教学内容、教学方法、教学媒体环境等因素进行深入剖析，使各要素按自己的特性有机和谐对应，从而维持教学传播活动的循环进行。

围绕预期教学目标而有机组合各教学要素，发挥各要素的优势与作用，从而增强教学系统的整体功能，这是实现匹配的主要目的。每个教学要素所具有的特性、功能与意义都是多元化的，要充分发挥各要素的功能，为教学目标的实现创造条件，使既定的目标能够顺利达成。如果在教学传播活动中，各要素游离松散，功能得不到发挥，则预期的目标就很难实现。

由于教学中采用的传播媒体直接影响教学活动的匹配效果。因此，在教学传播过程中，要对需要用到的各种传播媒体的特性、功能有全面了解，这样才能合理组合这些传播媒体，取长补短，发挥各自的优势与功能作用，最大化地提高教学传播过程的效率与效果。

3. 教学传播过程的功能条件

教学系统的结构是在系统各要素相互组合和联系的基础上构成的。这种结构可能是功能较弱的静态结构。只有在信息传播中让系统各要素相互联系与作用，并产生连续循环的动态过程，系统的多重功能才能形成，教学传播过程就是在教学系统各要素相互作用的基础上产生的循环动态过程。

教学系统内部的信息传递是实现教学系统多重功能的基本条件，而要维持教学传播过程，需要教学系统各要素具备一定的条件或满足一定的要求，并在此基础上实现自己的功能。具体分析如下。

(1) 教师层面

作为教学系统中起主导作用的重要组成部分，教师应达到较高标准的要求，如精通专业、熟悉教材、了解学生、教学态度端正、传播技能良好等。此外，教师在教学中必须对教学系统的其他要素及相互关系有深入地了解，如教学对象、内容、方法、媒体、环境等。

教师自身职能的发挥必须满足以下条件：教师在教学领域的知识水平高于学生，教师可以通过不断地学习提高自己的知识水平；教师必须具备良好的教学技能，如语言技能、教具应用技能等；教师必须具备良好的规范教学活动的能力，包括对自身地位和师生关系的规范。

(2) 学生层面

学生完成学习任务，各方面素质协调发展是教学系统功能实现的首要标志。学生实现其功能需要具备以下三个条件：明确的学习目的；一定的学习能力；良好的自控能力。

(3) 教学内容层面

具体来说，要做到随着社会的发展与时代的进步而不断更新教学内容；在教学内容体系中纳入具有潜在发展意义的前沿知识，注重理论与实践的有机结合；按照学科逻辑、学生认知规律来编排教学内容，如从已知到未知、从整体到部分；教材内容纵横联系、融会贯通，既便于学生接受，又能启发学生探索。

(4) 教学方法层面

根据教学规律、教学目标任务、教学内容特点、教学环境、学生的适应性、教师的教学能力等，选择教学方法；各种有效的教学方法进行适当的优化组合，能达到相得益彰的效果。

(5) 教学媒体层面

根据教学目标任务、学生特点、学校教学条件合理选用教学媒体；了解各类教学媒体的优缺点，综合使用教学媒体，达到相得益彰的效应；教学媒体功能的发挥受其自身特点及一些实践因素的影响，如媒体操作的复杂程度、媒体资源软硬件添置的可能性、媒体资源配合使用的灵活性等。在教学媒体选用中要综合考虑这些影响因素，将不良影响降到最低。

教学系统中每个要素的功能都直接影响教学系统的运行，只有充分发挥教学系统各个要素的功能，才能保证教学系统的正常运行。此外，教学系统中各要素之间的相互关系与作用情况直接决定了教学传播效果，因此要按照信息传播的规律与法则来传播教学信息，以最大化地提高教学传播效果。

第三节　大学英语教学的基本原则

一、可行性原则

英语教学中的教学设计是课堂教学的系统规划，要成为现实就必须具备两个可行的条件：一是符合主客观条件，二是具有可操作性。

满足主客观条件是教师实施教学设计的重要条件。主观条件意味着教师必须考虑学生的年龄特征、现有的知识基础和生活经历；教师只有遵循学生的认知规律，尊重学生身心发展的特点，尊重学生的生活经历和学习基础，在分析的基础上设计教学，才能增加设计的相关性，提高设计的针对性。如果教学设计偏离学生的年龄特征，超出学生的认知能力，脱离生活的现实，那么是行不通的。

客观条件是指教师进行教学设计需要考虑教学设备、地区差异等因素。教师首先要了解学校所处的地域环境和教学条件、学生的学习能力等客观因素，了解学校能够提供什么样的教学设施。教学的环境和条件、学生的学习能力是教师进行教学设计的重要参考。如果教师不考虑教学的客观条件，只凭自己的主观设计，不考虑地域学生的差异，把目标拔得太高，那么教学设计也是无法落实的。

具有可操作性是教学设计应用价值的基本体现。教学设计的出发点是为指导教学实践做准备，应能指导具体的教学实践，而不是理想化地设计作品。教师的教学设计要在教学实践中检验，去验证设计的理念是否正确，方法是否恰当，学习效果是否满意，这样才能体现教学设计指导教学的作用。

二、趣味性原则

英语教学的目标是要培养学生综合运用语言的能力和学习英语的兴趣。英语教学不仅要符合学生的知识、认知和心理发展水平，还要充分考虑学生的兴趣、爱好、愿望等学习需求，紧密联系学生的实际生活，设计生动活泼、形式多样、趣味性强的学习活动，创设愉快的语言运用情境，引导学生积极参与，提高学生的学习兴趣，加强其学习动机。例如，根据不同学段学生的年龄特征，设计不同的任务型教学，创设不同的情境，采用不同形式的教学媒体，使课堂教学生动活泼。

三、互动性原则

根据生态的基本观点，学校是教育生态系统的一个子系统，在学校的子系统中，师生互动、交流是两个因素。师生之间是一种共生关系，为学生的最终发展而相互团结。教学过程中的信息传递是相互的、双向的。如果师生之间的互动相对平衡有序，就能有效发挥各自的作用，实现和谐统一的发展。如果师生互动被打破，教育要素之间的平衡也会被打破，这不仅会损害师生的发展，也会损害整个学校乃至整个教育生态的发展。师生之间的交流是一个持续不断的过程，在不断变化和发展的动态中找到平衡点。教师不断提高自身的教学水平和理论水平，将其应用到实践教学中，促进学生的可持续发展。同时，学生的成绩也体现了教师的价值，是对教师的一种鼓励。因此，在大学英语教学中，师生关系是一种相互依存、共同发展的关系。

四、系统性原则

英语教学设计是一个系统工程，系统的组成部分相当于子系统，不仅相对独立，而且相互依存、相互制约，形成一个有机的整体。教学设计中各子系统的排列具有程序性特征，即各子系统按层次结构有序排列，第一个子系统控制和影响第二个子系统，最后一个子系统依赖和约束第一个子系统。标准化教学通常从对教材和学习情况的分析开始，根据分析结果确定教学目标。

从形式上看，教材分析、学情分析和教学目标是相对独立的，又是相互依存的。学情分析制约着教学目标，教学目标的制定建立在学情分析的基础上，彼此之间存在内在的逻辑关系，它们之间的逻辑性是保证前后各要素相互衔接的前提。在这种逻辑的基础上，一旦教学目标明确，教学重点、教学难点就能够确定了。

重点、难点是教师选择教学方法的重要指标和依据，在一定程度上决定了教师选择什么样的方法突出重点、突破难点，以实现教学目标。因此，教学设计程序不能随意改变。在教学设计中，教师必须按照程序的规定和衔接，保证教学设计的系统性和科学性。

五、情境性原则

课堂教学环境对于教学活动的顺利展开有很大的影响。大学生的注意力集中水平有限，大学英语教师更应该注意课堂教学环境的建设。一般来说，课堂教学环境分为人文环境、语言环境和自然环境。

（一）人文环境

人文环境主要通过师生之间的情感交流与互动氛围体现出来，是一种隐形的环境。因为大学生缺乏人际交往经验，所以大学英语教师应该在营造人文环境方面起主导作用。教师要通过倡导师生之间的平等交流以及歌曲、游戏、表演等方式，来营造一种自由、开放的人文环境，打开学生的心扉，促进学生的英语学习。

（二）语言环境

根据认知发展心理学，大学生需要依靠具体的事物来帮助他们思考，在纯语言叙述的情况下很难推理。他们只能思考情境中具体事物的性质和各种事物之间的关系，而思考的对象仅限于现实的预期范围，可以借助具体事物顺利解决某些问题。语言和认知发展是相辅相成的。个体语言能力是在个体与环境相互作用的过程中逐渐发展起来的。语言环境对于学习外语非常重要，而中国学生没有准备好的语言环境，所以大学阶段的英语教学必须创造具体而直观的语言情境。为此，教师应充分利用和发展电视、视频、录音、幻灯片等教学方法，设计语言交流，让学生学习和掌握语言。

（三）自然环境

课堂教学的自然环境主要指课堂中教学物品、工具的呈现方式。其一，要求教师与学生之间进行更加亲近的交流，教师应该设置开放的桌椅摆放方式，摒弃那种教师高高在上、学生默默倾听的桌椅摆放方式。其二，要求教室的布置应该取材于真实的生活场景，这样不仅拉近了学生对课堂教学的距离，也使得学生更容易理解英语，更有助于创造英语语言交流的环境。

六、开放性原则

大学英语教学的一个重要特征在于开放性，具体体现在以下两个层面。

（一）教学资源的开放性

大学英语教学资源不仅来自教材，还源于大学生的课外生活。当然，教学资源都是经过筛选的，选择的依据是师生之间的知识交流、情感传递。换句话说，教学主体在日常生活中进行生活体验，并不断总结经验教训，然后积极构建出相关的知识，真正实现课堂教学的知识在生活中的运用。

（二）教学主体的开放性

在大学英语教学中，教师与学生不断地重复信息传递与信息接收的过程，进行着持续的互动交流，而且教师与学生有巨大的差异性，主要体现在生活阅历、知识水平、情感态度等层面。教师会无意识地将自己的知识水平、生活阅历、情感态度等带入实际教学活动中，同时学生会根据自身发展特点有选择性地吸收。因此，伴随着课堂教学活动的是教师与学生之间的信息流动。

第三章 大学英语教学的方法

第一节 交际教学法与直接法

一、交际教学法

交际教学法（the communicative language teaching）是以社会语言学理论、心理语言学理论为基础的，在不同语境中，相同的语法结构有不同的功能。

语言往往用于交往和交际，其交际能力反映其功能和用途，因此，语法和结构都应反映话语的功能和交际意义。例如，"I'm cold"可以是陈述、抱怨、请求等不同的语气。再如，向别人打听时间的说法有下列数种。

①Excuse me, could you tell me the right time, please?
②What time is it, please?
③What's the time?
④Time?
⑤How much longer have we got?
⑥My watch seems to have stopped.

这些表达形式都完全合乎语法，重要的是如何在不同的交际场合选择合适的表达方式。

在学习过程中，学习者往往在任何场合都会选择那些过于正式的表达方式。例如，英语学习者在咖啡店里对侍者可能说"Please bring more coffee.", 而较得体的表达方式应当是"Could I have another cup of coffee, please?"。

因此，掌握一种语言既需要掌握这种语言的形式，又要具有不仅能够造出合乎语法规则的句子，而且能够恰当使用语言的能力。交际能力由以下四个部分组成。

一是语言能力，为了意义的表达，学习者必须掌握词汇、句法等方面的知识。

二是社会语言能力，了解关于目标语的社会文化知识，能够帮助学习者在交际过程中把握话语表达的适切性，知道如何询问对方及如何运用非语言交际手段达到交际目的等。

三是语篇能力，在语言交际过程中，无论是语言输入还是输出，都要求交际者具备感知和处理语篇的能力，以便对先前听到或读到的句子和句群进行意义解码，形成意义表征。

四是策略能力，当学习者的语言能力、社会语言能力和语篇能力方面的知识不够全面时，策略能力可以加以弥补。

二、直接法

19世纪，欧洲的资本主义得到了进一步发展，国际政治、经济形势发生了重大变化，特别是在贸易和商业方面。与此同时，各国之间的沟通有待进一步改善。语言障碍已成为发展的障碍。社会的发展需要更多的人学习外语，参与国际赛事。生活要求：口语能力的培养是外语教学的主要目标，而语法翻译法不能满足这种新的社会需要。人们越来越认识到，现代外语首先是一种声音交流工具，直接用于社会交流实践。口语是文字的基础，口语既是教学的目的，又是教学的手段。现代语言的教学越来越受到重视，到19世纪五六十年代，在西欧一些国家已经酝酿着一场外语教学的革新运动，其矛头直指"语法翻译法"。直接法便是在这种社会需要的背景下产生的。

语言学、心理学和教育学为直接法的产生提供了理论基础。例如，语音学对欧洲几种主要的语音体系已做出了全面科学的描述，提出音和字母对应关系的理论；语法学对这些语言的语法结构已进行全面的描写和初步的对比；词汇学则提出语义随语境变化等理论；语言学的研究成果证明，不同语言的结构和词汇不存在完全的对等关系，这从根本上动摇了以逐词翻译为基本手段的语法翻译的理论。此时心理学和教育学也都在研究学生的年龄特征、记忆能力、刺激和兴趣在学习中的重要性等问题。心理学家提出的整体学习的学说，使人们注意到在外语教学里，必须让学生从一开始就学习句子。直接法遵循"以句子为基本单位"的教学原则，并认为句子是口头交际的基本单位。

直接法的优点如下。

一是强调口语和语音教学，抓住外语教学的精髓。

二是注重实践练习，通过句型的教学，让学生在语言实践中有计划地学习实用语法，发挥语法在外语教学中的作用。

三是有利于学生外语思维和口语能力的培养。

四是采用各种直观的教具，广泛采用贴近现实生活的教学方式和方法，使教学更加生动，大大提高了外语教学质量，丰富了外语教学方法的内容；激发学生学习外语的兴趣，有利于调动学生的学习积极性。

五是编选教材注意材料的实用性与安排上的循序渐进。

直接法的缺点表现在以下四个方面。

一是在学校学习外语和在家学习母语有相似之处，也有不同之处。在外语教学中忽视大学生外语学习的特点，会给外语教学带来不必要的困难。

二是大学生对母语的掌握程度对学习外语有利也有弊。直接法只看到了消极的一面，没有看到或忽视了积极的一面：在外语课上，完全排除或禁止使用母语，给外语教学造成不必要的限制和问题。

三是在口语与书面语的关系上，在听、说、读、写的关系上，在处理语法和实践练习上，一味强调或夸大某一方面而忽视或否定另一方面，不能科学管理。如果它们之间的关系良好，它们之间的协同作用就不能充分发挥。

四是强调外语教学的实用性，但不重视教育目的。因此，对于大多数通过这种方法培养的学生来说，在独立工作能力和读写能力方面，尤其是在高级阅读方面，关于文学的能力还是赶不上用语法翻译法培养出来的学生。

第二节　语法翻译法与情境教学法

一、语法翻译法

语法翻译法时期即语法教学古典时期或传统语法教学时期，早在两千多年前，研究一门外语，最初是古希腊语和拉丁语，主要就是对其进行语法分析，用语法术语详尽地描绘目的语的形态特征和句法结构，以及进行书面语的翻译。如果把外语教学法发展史分为前科学时期和科学时期，那么语法翻译法便是前科学时期的产物，而不是语言学、教育学、心理学诸学科自觉的综合应用。

语法翻译法是指用母语教授外语的一种方法，顾名思义，翻译是基本的教学手段，语法是入门的方式。学习外语主要包括将目标语言翻译成母语，记忆语法规则和词汇，并通过大量的语法翻译练习来加强记忆。它的特点是强调语法知识的领域，认为学习一门语言本质上就是学习一门外语的一套语法规则。

语法翻译教学法也可以称为"译读法"，即从语言入手，教授字母的发音，讲解发音的部位和方法，练习单词、短语、句子的发音，同时注重阅读能力。因为他们意识到语法是阅读和翻译的前提，所以语法在实践教学中仍然占有非常重要的地位。正因如此，现代翻译法仍被称为语法翻译法。每篇文章都反映了各种语法元素，例句和练习与语法元素一起编写。虽然大多数文本是围绕语法困难进行解释的，但翻译仍然是一种教学方法，因为它是一种教学目的。

综上所述，语法翻译法具有如下特点。

第一，学习外语就是学习它的语法和词汇。

第二，学习外语，语法既是最终的学习目的，又是重要的学习手段。

第三，教学用母语进行，翻译是讲解、练习和检查的基本手段。

第四，以词为单位进行教学。

第五，以文学作品名篇为基本教材。着重阅读，着重学习原文或原文文学名著。

第六，在外语教学中利用文法，利用学生的理解力，以提高外语教学的效果。

第七，在外语教学中创建了翻译的教学形式。

第八，使用方便。只要教师掌握了外语的基本知识，就可以拿着外语课本教外语，不需要什么教具和设备。

语法翻译教学法的优点如下。

第一，在语法和翻译教学中，精细的语法规则和广泛的词汇知识使语言输入更容易理解。将外语学习者接触到的各种语言现象系统化，处理由最表面到最深层次的语言分类。

第二，语法和翻译教学法可以帮助外语学习者肯定或否定他们对目的语有意识或无意识的假设，区分母语与目的语的异同。

第三，语法和翻译教学法可以帮助学生内化目标语言的结构，从而提高他们使用外语的能力。

语法翻译法的不足如下。

第一，翻译方法不注重听说能力，在教学中没有抓住语言的精髓，忽略了发音和语调的教学。由于缺乏适当的听说训练，学生虽然有良好的语言基础，熟悉语法规则，但口语能力较弱，口语交际意识不强，在实际工作中效果往往不佳。

第二，过分强调翻译，外语只通过翻译传授。这样很容易培养学生在使用外语时依赖翻译的习惯，不利于培养学生的外语交际能力。

第三，过分强调语法在教学中的作用。语法讲解从定义开始，根据定义提供例句，与学生的实际需要和语言水平相分离。教学过程比较机械，不容易激发学生的兴趣。教师往往陷入单方面的解释，而忽视学生的实践。

第四，过于注重语言知识的传授，忽视语言技能的培养。总之，语法翻译法侧重于语法教学，可以更好地培养学生分析语言现象的能力，有助于培养学生阅读和翻译书面文件的能力，但对语言交际能力的培养作用不大。技能普遍较弱，过分追求语法的精确性，忽视了学生的语言创造力，未能充分发挥语言学习者在语言学习中的主观能动性。

语法和翻译方法可广泛定制，简单易用。虽然受到高度的质疑和批评，但在实际工作中仍然被许多外语教师采用，并为外语教学提供许多借鉴。

二、情境教学法

在大学英语教学过程中，情境英语教学法主要就是根据学生在英语学习过程中的心理特征以及年龄特点进行针对性的教学。我们在英语教学过程中针对性地指出反映论的具体认知规律，同时在英语教学过程中结合相应的教学内容，有效地应用形象内容来对英语教学情境进行创设。这样能够让较为抽象的英语教学语言成为生动的可视英语语言。通过情境英语教学方法让学生在学习英语课程的过程中更加深刻地了解英语思维、英语口语以及英语感知。根据实际的情境英语教学方法来分析，情境英语教学方法的主要特点如下：能够有效地融合语言、行动以及创设的情境，让英语教学更加直观、更加有趣以及更加科学。

（一）情境教学的概念内涵

1. 西方关于情境教学概念的界定

情境教学的英文是"Situational Language Teaching"，还可以是"Situated Teaching"，即在真实情境或教师创设的情境中进行英语语言教学，情境教学是由英国语言学家创立的英语教学法。其宗旨是：情境教学是口语化的英语教学，将学生置身于设计好的情境中，在最大量的口语练习中提高学生的英语口语水平。通过口语水平的提高带动学生英语水平的全面提高。

2. 我国关于情境教学概念的界定

我国对情境教学有多种表述：①情境教学是一种利用具体生动的场景，激发学生主动学习兴趣，提高学习效率的教学方法。情境教学是指创造包含真实事件或真实问题的情境，学生在探索事件或解决问题的过程中能够自主理解知识建构的意义。②情境教学是根据教学需要的教学方法。教师根据教材，以形象为主体，以情感色彩营造特定场景或氛围，激发和吸引学生积极学习，从而达到最佳教学效果。情境教学是创造典型场景，激发学生热情，将情感活动与认知活动相结合的教学模式。③所谓情境教学，是指从教学需要出发，激发学生的情感体验，帮助学生，创造适合教学内容的情景或环境，以达到教学过程中确立的教学目的。快速正确的教学内容，有利于他们心理功能的整体和谐发展。简单地说，情境教学是指在教师人为"创造"的"情境"中进行的教学。这与我们通常所说的教学情境的区别在于"人性"，这是一个充满教育者意图的生存空间，即所谓的"优化环境"。

尽管情境教学的概念表述不同，但都把"情境"作为情境教学的出发点和切入点。从学科教学的角度来看，"情境"实际上是以调节情绪为手段，以学生的真实生活为基础，以促进学生的积极参与和全面发展为目的，为学科教学和生活优化的环境。"情境教学的核心是情境。"情境教学也将情境贯穿整个教学过程，强调通过情境促进学生的全面发展，将人文学科的词句和科学学科的定理公式在具体生动的情境中融为一体，融知识、育人于一体。总之，情境教学中的情境是多元的、多结构的、多功能的。

应该特别指出的是，英语情境教学中情境的创设不是目的，而是实现教学目标的手段；情境是为教学目的、教育目标服务的。

(二) 大学英语情境教学的实施原则

1. 主体性原则

英语情境教学的设计克服了传统的英语教学，强调理论知识灌输的严苛和死记硬背的教学方法。教师应利用现代教育科技手段，通过创设良好的情境，调整教师语言，拉近师生、学生与学生、师生与教学内容的距离；激发学生学习积极性，充分保证每个学生都能主动参与、主动发展；通过角色扮演，利用角色扮演的效果，增强学生学习英语的主体意识。大学生已经具备一定的英语知识基础和一定的自主学习能力。他们不仅有独立设计教学情境的愿望，而且具备独立设计英语教学情境的能力。在设计教学时，教师要在学生已有的知识基础上满足学生自主学习的需要，鼓励学生大胆设计符合学生实际学习需要的教学情境，使教学效果更加突出。

2. 交互性原则

大学英语教学要充分体现语言教学的交际性，根据大学生的实际情况，创设情境，通过大量的语言实践，培养学生运用语言知识和技能进行英语交流的能力。教师应鼓励学生大胆使用英语，为学生创造尽可能多的语言实践机会，为教师、学生提供更多的时间和空间，充分利用英语进行交流互动。语言是交际的工具和手段，英语教学就是通过情境的创造促进多维学科之间的对话与交流，从而达到大学英语教学的目的。教师应为学生创造更多对话交流的机会，让学生通过看、听、说等行动来体验、感知和理解知识的真谛，从而获得成功，培养积极的学习态度。只有这样，教师的行为才能具有足够的教育意义，教师必须在与学生的关系中选择合理的教育行动，从而形成教师对学生的实践态度。教师在设计教学时，应着眼于如何在教学过程中创设情境，促进民主、和谐、平等的师生关系。

3. 探究性原则

现代认知理论认为，认知离不开特定的身体，认知取决于机体的物理特性，人体在认知过程中起着非常重要的作用。即身体的物理特性对认知内容有直接的塑造作用。这就要求学生的学习方式发生根本性的转变，实现从传统的响应式学习向探究式学习的转变。为了激发学生的探究性，教师在教学过程中要创造科学探究式的情境和途径，让学生在教师的引导下，选择与自己学习和生活相关的话题进行探索、表达、实现和发现，并创造。探究式学习可以提高学生收集信息、处理信息、分析和解决问题的能力。

4. 体验性原则

经验是学生在积极参与学习活动时获得的直接情感洞察力。体验将学习带入学生的生活，知识学习不仅是学生认知发展和理性生成的过程，也是学生情感不断丰富、人格不断完善的过程。世界学习领域倡导的学习理念"I hear, I forget; I see, I remember; I do, I understand"，要求教师在进行情境教学时，应注重学生的体验。"传统教学的弊病之一就是过分强调知识与能力方面的教学结果，忽视学生学习过程的有效性。"在大学英语教学过程中，教师要创设教学情境，引导学生积极参与，不仅要鼓励学生用自己的大脑去思考，更要鼓励学生用自己的大脑去听，去了解英语知识的作用和价值。

(三) 大学英语情境教学的设计实践

1. 设计问题情境，激发学生学习英语的动机

教学目标是激发学生学习兴趣的动力，问题是表达教学目标的有效途径。在教学实践中，为了激发学生的学习兴趣，教师根据教学目标的三个维度，不仅要设计认知问题的情境和运动技能的情境，还要设计情绪和态度的情境。虽然很难设计学生的学习情绪和态度的情境，但学生的学习情绪也是可以预测的，可以从学习过程中的线性因果规律中把握。只要我们的教学设计充分理解教学原理，体谅教育场景中可能出现的良性现象，并由此展开，就可以获得一定的教学效果。过于重视教师讲授的"告诉式"课堂，切断了教学内容与周围世界的联系，舍弃了教学内容的情境，背离了学生建构知识应该遵循的规律，从而导致学生学习的积极性很难调动起来，这是大学课堂"低头族"群体日益庞大的主要原因。在教学过程中，由于教学内容的变化、学生的个体差异、师生情绪的不稳定、教学对话中的碰撞和冲突，教师会立即反思，学生会立即感到惊讶、困惑和启发。这种不断变化的教学过程必然是动态的。大学生的英语学习过程是一个动态的认知过程，也是一个情绪产生的过程。教师在设计教学时既要遵循大学生的认知规律，又要关注大学生情感产生的特点，将认知与情感结合起来。

2. 创设互动情境，提升学生参与英语学习的效能

师生、学生间的多维对话是教学的本质，没有对话就没有教学。英语的 dialogue 是 dia 与 logos 的合成词，logos 的含义是词，dia 的含义不是 two，而是 through。对话仿佛是一种流淌于人们之间的意义之溪，使得所有对话者都能够参与和分享这一意义之溪，并因此能够在群体中萌生新的理解与共识。在教学对话活动中，不仅涉及科学的行为选择，更处处充满着艺术的直觉。

教学到达艺术领域是需要条件的。如何进入艺术领域？这就需要教师努力创造这些条件。大学英语教学应充分利用音乐、图片、角色扮演游戏、戏剧视频、图片语言等艺术媒体，创造互动情境，激发学生的学习热情，引导学生积极参与课堂学习。艺术具有唤起情感的功能，既能唤醒人的内在情感潜能，又能满足人的情感需求。大学英语课上，教师可以充分利用课本内容，指导学生写剧本和角色扮演；可以利用多媒体技术设计生动的课程，配以图片和音乐，激发学生的学习兴趣；还可以用生动形象的语言引导学生进入想象的境界。

教材是教学的主要依据，但必须经过教学设计，以"章、节"为表现形式的教材文本才能转化为带有情境支持的对话文本，从而进入教学领域。为培养学生应用语言的能力，教师可以要求学生分析教学内容的结构和特点，将教材正文改写成对话剧本，在课堂上扮演角色；他们还可以为学生创造一个真实的情境来指导学生创建一个脚本，并在角色中扮演它。利用多媒体教学可以为学生提供直观、丰富、地道的语言材料。我们在设计和开发多媒体时非常重视语境的构建和拓展，如利用视频资源介绍历史、文化、风俗习惯等。

只有通过知识的应用，外化的知识才能内化为学习者的知识，学习者的经验才能成倍增加。英语教学非常重视培养大学生的听、说、读、写等语言应用能力。在备课的过程中，我们总是要认真听录音、读课本、朗读、读美、读激情、读心情。这样，教师就可以在课堂教学中发挥语言的情境作用，引导学生进入使用语言的境界。

3. 营造经验情境，发展学生应用英语的能力

知识是从某些情况中产生的。当所创造的学习情境与学生带来的生活体验和所获得的课文知识相关联时，学生的创造性思维很容易被激活，他们的同理心、善意、分享等道德体验也很容易被激活。因此，在建立大学英语情境教学时，教师首先要自觉地与学生的现实生活相联系，通过情境整合学生的知识，在生动的情境中体现知识。这样，学生获得的知识是情境化的、相互关联的、可体验的、可理解的和可转移的，而不是死板、枯燥和惰性的。

在教学实践中，首先要使用实物、图像、道具等，尽可能将教学内容融入直观的教学情境，激发学生的想象力，调动学生学习英语的积极性，并让他们意识到所学知识在现实生活中的意义和价值。其次要密切关注社会热点话题，选取与社会热点话题教学内容相关的生动形象的案例，通过生动的案例情境，使抽象的知识具体化、形象化、有意义。最后通过英语游戏、英语竞赛、英语演讲等实践活动，在课堂上营造轻松和谐的学习环境，为学生提供更多使用英语的机会。通过参与实践活动，学生可以有效地在课堂上建立自己的学习认同。通过接触真实的学习情境，他们可以将自己的情绪投入学习中，实现教学的共鸣。此外，在大学英语情境教学的设计中，我们也要有意识地设计学生感兴趣的集体活动情境，如参加同学生日聚会、参加国际学术会议、举办文化晚会、娱乐活动等，使学生能够在这些活动中畅所欲言，获得表现、交流和评价。通过本次小组活动的创建，可以满足学生用英语交流的愿望，激发学生的兴趣。

大学英语教学的职责是培养大学生使用英语的基本能力，语言的使用离不开一些情境支持。大学教授要改变传统的"教师讲，学生听"的单向知识传播教学模式，转变教学观念，充分利用各种教学方法创设情境，增强大学生学英语、做英语课堂的积极性。

第三节 听说法和认知法

一、听说法

20世纪40年代以后,各国对外语的需要日益增长,随着心理学、语言学的新发展,以及外语教学手段和设备的革新,对外语教学法的研究和实验工作都在开展,出现了很多新的外语教学法。听说法便是新兴起的一种外语教学法。

听说法是与语言学理论联系最明显、最直接的教学方法。在结构主义语言学家看来,语言是一个高度结构化的系统,但人们在进行言语活动时只知道该说什么,而对言语中的语言结构并不了解。因为这些语言结构已经掌握到自动化的程度,说话的时候可以不自觉地使用。因此,学习外语必须达到无意识地使用语言结构的程度成为一种新的习惯。这种习惯的养成需要反复模仿和练习。因此,听说法提倡模仿和练习语言的结构,使他们能够在不知不觉中使用这些结构。结构语言学家将句子研究提升到重要位置,引入了基本句型、句子扩展和变换等概念,进一步丰富了该理论的语言教学,解决了听力语言教学的重要问题和障碍语音法。

听说法遵循以下教学原则。

第一,语言是说的话,不是写出来的文字,语言都是有声的。学习外语,不论学习的目的是什么,都必须先学听和说,在听和说的基础上才能有效地学习读和写,即先听说,后读写,听说是重点和基础。这个顺序在外语教学中是必须遵循的。

第二,语言是一套结构,而许多语言的结构是通过各种句型得到体现的,因此要掌握一种语言,首先要掌握该语言的各种句型,特别是常用句型。按句型进行操练是使学生学好外语的捷径。学习语言就是学习它的结构,而结构的全部内容都"尽在句型之中",掌握了全部句型也就掌握了语言的结构,也就掌握了语言。

第三,语言是一套习惯,习惯的形成需要多次刺激和反应。在语言教学中,应该教授语言本身,而不是关于语言的知识。教语言是教一个人学习一种语言,而不是去了解它。外语教学是培养学生使用外语的语言习惯。根据行为心理学的刺激—反应理论,语言习惯的培养依赖于反复练习,语言的知识和理解在此起不到太大的作用。

第四,语言是本族人所说的话而不是某人认为他们应该说的话(描写观察到的语言现象；自然语言是什么样子，就教什么语言）。

第五，世界上的各种语言是不同的。每种语言都有其特点，特别是在句子结构上各有特点。在编写教材时，必须将外语和学生的本族语进行对比，找出其相同和相异的地方，并在这个基础上有针对性地编写教材，才能编写出适合本国学生学习的外语教材。此外，对比两种语言结构可以帮助确定教学难点和重点原则，使操练更有针对性。

第六，有错必纠、及时纠错。根据行为主义心理学理论，外语学习是机械的习惯形成过程，习惯的形成要靠大量正确的模仿和操练，尽可能杜绝错误的模仿和操练，习惯一旦形成，便难以更改。语言既然是一种习惯，那么语言错误如果听任不纠必形成有害的习惯，到以后就会难以纠正了。因此，当它还没有形成习惯之前，教师一经发现，必须立即纠正。

第七，限制使用母语。既然外语运用是一种习惯，那么只有通过外语本身的大量句型操练才能有效形成。听说法重视培养学生用外语进行思维。而用翻译进行教学会阻碍学生用外语思维，对掌握外语十分不利。

由于听说法遵循不同的教学原则，它不以语法分析和阅读能力为教学目标，而是提倡以培养口语能力为主要目标。因此，与直接法相比，听说法在课堂教学过程中采用了具体的教学方法和教材，形式、考试等都发生了变化。听说法将教学目标分为短期目标和长期目标。短期目标包括掌握语音、词汇、语法结构以及理解语言材料的准确含义。长期目标要求学生能够以与外语为母语的人相同的熟练程度和准确性使用外语。为达到上述目标，听说法在课堂教学中遵循以下具体的教学原则。

首先，在学生的入门阶段，教学重点是口语技能。随着学习的进行，逐渐将口语技能与其他技能联系起来。

其次，口语能力是指在人际交往中使用标准发音、正确语法概念、快速反应的能力。

再次，教授发音、词汇、语法和听力的目的是培养学生的口语流利程度。

最后，阅读和写作教学应优先于口语表达的发展。

听说法所倡导的教学程序大致可分为三种。第一种是程序将教学过程分为两个阶段，一是理解阶段，占课堂教学时间的15%；二是申请阶段，占面授时间的85%。第二种是把教学过程分为口语材料阶段、模仿阶段、配对最小三维练习阶段、句型练习阶段、师生对话阶段、读写练习阶段。第三种是听说五阶段理论，即识别、模仿、重复、交流和选择五个阶段。

听说法的主要优点是可以在较短时间内培养学生的外语初级口语能力和快速反应能

力，为实际掌握一门新语言奠定基础，比较适合外语。

听说法不注重语法教学，教学中根本不提语法条条框框的问题，认为这些死规则无助于形成新的语言习惯。语言习惯的形成主要靠反复地练习。母语习惯的形成既然如此，外语习惯的形成也不例外。书本上的语法规则不必学，也无须在事先学，事后也不一定学，因为学习语言就是学习它的结构，掌握了全部句型就掌握了语言的结构，也就掌握了语言。另外，根本不承认有什么"语法规则"，听说法派的哲学指导思想是经验论，他们只相信来自实践的经验，十分轻视理性，即语法规则。此外，听说法只强调机械训练，等于否定了人的认知能力和智力在外语学习中的作用。因此，听说法不注重学生的主观能动性，只注重语言的形式，而忽略了语言的内容和意义。由于缺乏语法分析能力，学生在遇到复杂的句子时往往依赖猜测，因此往往有错误的理解。此外，由于缺乏语法知识，学生缺乏连贯准确地表达思想的能力。它们被描述为"句型练习"，因此在不同程度上与实际的交际练习和实际上下文相分离。学习是枯燥乏味的，当涉及真实的交流情况时，往往无法使用语言。

听说法在20世纪50年代得到发展，20世纪60年代到达鼎盛时期。到了20世纪70年代，由于唯理主义的兴起，听说法逐渐失宠，遭到一些语言学家的猛烈抨击，继而出现了功能法和认知法等流派。

二、认知法

（一）认知法教学原则

认知法以认知心理、转换生成语法理论、有意义学习理论作为其理论基础，在批评总结以往教学法，尤其是听说法的基础上，形成了以下教学原则。

1. 以学生为中心

认知法研究的是中学生以上的成年人在自己国家的环境中学习外语。它认为，在外语教学中，学生的内在学习因素起着决定性的作用。因此，教学要以学生为中心，课堂教学要注重学生的动手实践，最大限度地发挥学生的积极性。同时，认知法还认为，由于课堂教学时间有限，学生应该进行有目的、有计划的课外自主学习。教师除了帮助学生掌握外语知识，培养学生在课堂上使用语言的基本能力外，更重要的是教给学生科学的自学方法，培养学生的自学能力。

2. 在理解语言知识和规则的基础上操练外语，强调有意义的学习和有意义的操练

认知法认为，学习一门外语不仅是一个习惯形成的过程，而且是一系列有规则的创造

性活动，必须遵循语言本身的规律。人类学习语言的过程就是掌握规则的过程。学生只有在理解和掌握这套规则的基础上，才能开展语言活动。掌握规则的方法，一是发现规则，二是创造性地运用规则。发现规则是基础，更重要的是培养学生创造性地应用规则的能力。因此，认知法在过程中重视对语法规则的理解，根据理解规则进行语言活动，在外语中进行语言练习活动，并坚持这种练习活动语言学要覆盖整个语言。

3. 听、说、读、写齐头并进，全面发展

认知法针对听、说、读、写之间的关系，提倡学生在学习语言的同时学习单词。相信对于成年人来说，学习外语最好的方法是同时或一个接一个地使用多个感觉器官（如眼睛、耳朵等），单纯依靠声音来学习一门语言是行不通的。因此，认知法主张在外语教学之初就进行阅读、写作、听力和口语表达的综合训练。认知法所追求的外语教学目标是培养学生实用、全面地运用外语的能力。

4. 利用母语与外语的对比分析进行教学

各种语言的语法具有一定的普遍性和相似性，因此，应有意识地、适当地使用母语和外语进行比较分析，引导学生正确地从语言中传递信息。认知法认为母语是学生所拥有的语言经验，应作为学生学习外语的基础。

5. 对错误进行分析后加以纠正

认知法将语言的学习看作"假设—验证—纠正"的过程。在这个过程中，学生难免会犯错误。教师要分析学生的错误，了解学生出现错误的原因，并有针对性地进行改正，逐步培养学生正确使用语言的能力。对于那些因疏忽和经验不足而造成的错误，只是给一些建议，而不是看到就纠正，否则学生会因为犯错误而紧张，造成心理压力。少改正比多改正好；事后指出或提醒，胜过当场责骂。其目的是不伤害学生的积极性，不给他们造成心理障碍。

6. 广泛利用直观教具和电化教学手段

广泛利用直观教具和电化教学手段，可以使外语教学情景化、交际化。这有助于营造外语环境，增加学生使用和参与外语活动的机会，从而加强外语教学活动。同时，通过多媒体、网络、语言实验室等现代媒体进行外语教学，不仅可以提高课堂的教学信息能力，还可以让学生在课堂上进行自主学习。

(二) 认知法教学程序

认知法把外语教学程序分为三个阶段。

1. 语言理解阶段

在认知法看来,所谓理解,是为了让学生理解教师所教授和提供的语言练习和语言规则的意义、构成和使用。认知法之所以把理解作为外语教学的第一阶段,是因为理解是学生从事语言活动的基础,所有学生的语言练习都应以所学知识为基础,如,练习句型、听、说、读、写等技能。需要注意的是,对语言规则的理解并不依赖于教师的讲解,而是让学生在教师的指导下发现语言的规则。

2. 培养语言能力阶段

认知法认为人不分种族、民族、性别、智力,每个人天生就有学习语言的天赋和潜力。学习外语不仅需要掌握语言的知识和结构,还需要正确使用语言的能力。外语能力的发展必须通过有意识和有组织的练习来获得。这个阶段不仅要检查学生对语言知识的理解,而且要培养学生运用语言知识的能力。

3. 语言运用阶段

语言运用阶段的教学任务是培养学生运用语言知识听、说、读、写的能力,特别注重学生的语言交际能力,即培养学生离开课文后的创造性语言交际能力。因此,用文字以外的语言进行专门的沟通技巧训练是非常重要的。这类训练有多种形式:各种形式的对话、主题讨论、连贯对话,各种形式的自述、口头作文或主题演讲,各种形式的书面叙述、舞台角色扮演、书面作文、口头或书面翻译等。这些培训的关键是创造一个积极的语言环境来调动和激活每个学生的兴趣和参与感。

第四节 全身反应法与任务教学法

一、全身反应法

20世纪60年代中期,全身反应法(简称TPR)由美国加利福尼亚州圣约瑟州立大学心理学教授詹姆士·阿歇尔(James Asher)首创,并盛行于20世纪70年代。TPR是通过全身动作反应学习语言的一种方法,即通过全部身体动作与所学语言相联系教学其他语言。其早期教学的主要对象是美国移民子女。TPR主要根据大脑两半球侧化理论组织语言教学。右脑主管形象思维,左脑主司逻辑思维,并强调左右半脑互动、协调发展。语言教学需在形象思维的基础上进行逻辑思维活动，并在特定的情境中进行第二语言教学。根据儿童习得母语过程的规律：儿童习得母语有一个长期听力理解的过程，然后才有说的发展。因此，学习或习得第二语言首先需有一个学习听力的过程，其次在听的基础上逐步发展说的能力，最后才发展读和写的能力。由于 TPR 强调运用祈使句语言配合动作使学习动起来，所以 TPR 也被称作"语言动起来"教学法；又由于 TPR 提倡听力理解领先于说的发展，所以属于领悟、理解教学法范畴。全身反应教学法源于直接法、听说法、情景法，并与它们的理论、实践相关。

（一）全身反应法的心理学理论基础

1. 记忆痕迹理论

心理学中的记忆痕迹理论认为，记忆越经常、越强烈，联想与回忆越快捷和容易。记忆可以是口头的，也可以与身体活动相关联。

2. 言语发展心理学

从发展心理学的角度出发，阿歇尔认为，人们习得第一语言（母语）和学习或习得第二语言的过程是平行前进的。因此，学习或习得第二语言的过程应该反映习得第一（母语）语言的过程。由于成人学习或习得第二语言的过程与儿童自然习得母语的过程基本相同，根据儿童自然习得第一语言（母语）的过程，至少可以得出以下结论。

（1）存在一个先习得听力的阶段

儿童习得第一语言（母语）的过程中，在习得说话能力之前，存在一个先习得听力的阶段。儿童习得母语伊始，先听到大量父母和周围人所说的口语，并被要求用动作做出理解的反应，而不需也不可能对听懂的口语做出模仿发音的反应。

（2）要求对听到的话语做出反应

父母、周围人们对儿童说话，有时需反反复复说数十遍，要求儿童听懂、领会、理解他们所说的话语，并渴求儿童做出理解的反应。因此，儿童先获得听的理解能力是由于长期听父母和周围人们反复说话，并要求他们听到口语后产生行为反应的结果。

（3）具有听的理解能力，说话能力会自然产生

儿童通过长期听力训练，逐步听懂、领会、理解人们所说的言语，并做出恰当的行为反应。儿童一旦有了一定的听力理解能力，建立了一定的听力基础，说话能力就会水到渠成，自然产生。因此，"听"是说、读、写能力的基础，说、读、写的能力只有在"听"的基础上才能获得发展，在未能把握听力之前不应急于说话表达。

(4) 儿童听的大多是命令句

儿童习得母语的过程中，其最初听到的大多是口头命令句，听口头命令句，并做全身动作反应，在长期听懂命令句的基础上再学会口头话语，并用语言做出反应。

3. 大脑左、右两半球侧化理论

大脑左、右两半球侧化理论认为，左脑半球主管语言、数学计算等逻辑思维，而右脑半球则主司动作、音乐、图像等形象思维。传统的外语教学观点认为，外语学习大多用的是大脑左半球的功能，因为外语词语与逻辑思维的左半脑直接联系，而阿歇尔则认为 TPR 先直接与动作、图像、音乐形象思维的右脑半球联系，然后通过形象思维再与语言理解逻辑思维相连接。阿歇尔根据神经病理学家对动物大脑和一位癫痫病儿童的研究成果认为，言语活动集中在右半脑，儿童通过右半脑动作活动习得语言。在儿童通过右半脑动作活动的基础上，左半脑才开始进行语言活动。

成人学习或习得语言的过程与儿童习得语言的过程雷同。成人首先通过右半脑动作活动与语言相联系。右半脑动作先开始活动，左半脑才开始观察和学习。一旦右半脑有足量的学习动作产生，左半脑语言活动就会被激活。

4. 减轻心理压力

人本主义心理学对 TPR 起到了重要的推动作用。它对人的心理情感意志、需要层级价值取向、潜能和创造才能等方面的独到理念，直接影响到当时蓬勃发展的 TPR 的外语教育教学改革。人本主义心理学关于降低学生学习心理压力的观点，有利于学生掌握语言内容、转变价值观。降低压力不仅有利于学生掌握所学语言知识与内容，而且能促进人的价值取向、基本信念和态度转变。例如，把外部压力、讥讽、羞辱、歧视等看作对学生个人的精神威胁，学生就会对其采取防御措施或加以拒绝；而当外部威胁、压力降到最低程度时，并处在相互信任的情境之中，学生就能比较容易集中注意力、辨别、理解吸收、记忆和运用所学语言知识和内容。

阿歇尔的全身反应法依据人本主义心理学关于降低学生学习心理压力的观点，提倡师生通过轻松愉快、生动活泼的全身反应动作与语言相结合学习外语，不仅能降低学习者学习语言的心理压力，而且能营造轻松愉快的学习情境，有助于学生更有效地发展运用外语进行理解和表达交流思想情感的能力。

(二) 全身反应法的语言理论基础

尽管阿歇尔并未直接论述全身反应法对语言本质的观点和语言学的理论基础，但是从听、说、读、写语言技能的发展及其设计的教学顺序来看，其强调以祈使句为中心的语言教学内容，以及课堂练习的内容名称和组织安排，他的语言学的理论基础显然是以结构主义为基础的。阿歇尔也说，大部分结构和成千上万单词可通过教师熟练运用祈使句掌握。其具体体现在以下几个方面。

1. 听力基础上发展口语能力，口语能力基础上发展书面语能力

无论从人的种族，抑或个体，首先习得的是听力，继而发展口语能力，然后在口语能力的基础上习得书面语能力。口语是第一性的，书面语是第二性的，而听力的习得又先于说话能力的发展。

2. 祈使句型是教学的核心

祈使句是语言句型或语法结构之一，而祈使句型是 TPR 外语教学的核心，动词又是祈使句的核心要素。全身反应法认为，外语教学需围绕祈使句型及其动词作为核心进行教学。

3. 习得认知语言图式和语言语法结构

阿歇尔认为，语言由抽象和非抽象两部分组成。而语言非抽象部分大多数是以具体名词和祈使句的动词呈现的。学生不使用语言的抽象部分，就能习得一份详细的"认知图式"和一种"语言的语法结构"。

阿歇尔是这样论述语言认知图式的："语言的抽象部分可等待学生已掌握目标语的认知图式之后再学。人们照搬语言语法结构学习抽象语言是没有必要的。一旦学生将语法内在化之后，抽象语言就可被引入和被解释于目标语之中。"

4. 语言整体内化

语言作为一种句型结构，如祈使句型结构，是一个被学习者整体吸收和整体内化的过程。阿歇尔认为，大部分句型是作为整体被内化的，而不是单个词汇项目内化。因此，在语言学习和交际运用时，句型起主导作用。

（三）全身反应法的基本原则

1. 师生关系

师生关系观认为，教师起直接和积极的作用，而学生则是聆听者和说话者。形象地来说，就是"教师是一场戏的导演，学生是演员。教师决定教什么，用什么新教材，由谁扮演什么角色"。教师依据选择教材的内容，或以祈使句为核心框架设计教学。教学伊始，

教师用外语发出指令，提供给学生最佳听英语的机会，让学生个人或集体根据教师指令做出全身动作反应，并逐步内化所学语言内容和规则，逐步形成认知图式，学生只是一个听众或在导演指导下的一位演员，无权决定学习内容。当然，全身反应法也要求：教师在写教案时，需要写出全部所教内容的正确意思，这是教师的聪明之举，尤其是在写新要求内容时，必须写得正确。这是备课优良、组织好课以达课堂教学流畅、有序和预期目标的必要前提。

教师的作用不是教给学生内容的多寡，而是提供给学生更多次的实践机会。教师要呈现最佳指导性的目标语言，以便学生能以最佳的目标语言内化语言结构。因此，教师是语言输入的掌控者，而学生则是语言输入的接受者和吸收者；教师提供新语言材料的认知图式，而学生则动脑进行加工处理，形成语言认知图式。诚然，教师也期望学生相互之间发挥创造性运用语言的能力。

2. 听力发展先于说话能力

听力发展先于说话能力，听力领先是极为重要的原则。教学伊始，首先培养学生的听力理解能力，然后在听力的基础上发展学生说话表达能力。只有充分建立在听力理解的基础上，说话能力才能自然产生。如若听和说两种技能同时训练，由于缺少听力理解的基础，学生不仅对说话难以做好能力和心理上的准备，而且又常因说不出或容易说错而造成学习负担，增加心理压力，影响语言学习。

3. 通过动作发展听指令的理解能力

通过动作发展听指令的理解能力是英语教学的关键。依据大脑左、右两半球侧化理论，语言听力理解逻辑思维与动作形象思维相结合能加速理解和发展听的能力。听指令的理解能力与全身动作相联系不仅易于理解，而且便于记忆。听指令是语言交际的基本能力之一。语言的大多词汇项目和基础语法结构都可通过指令配合动作进行教学。因此，通过全身动作发展听指令的理解能力是语言教学的关键。如无全身动作的配合，一个新词语或一个祈使句型即使多次重复操练，对学生来说仍然是一串噪声，难以理解。

4. 听力内化语言结构，说话自然发生

学生学习语言首先需要建立听力理解能力。有了听力内化语言结构的基础，说话能力就会自然产生。学习语言伊始，首先发展听力理解能力，不可强迫学生提早说话。只有听力领先，学生听力理解足量，才能将词语和语言结构内化成认知结构，说话能力才会水到渠成，自然产生。如若强行给学生施加压力，强迫学生提早说话，就会引起学生的紧张情绪，干扰、抑制大脑思维活动，事与愿违。

5. 有准备的说话

为了减轻学生的思想负担和心理压力，允许学生做有准备的说话。因此，教师并不勉强学生在无准备的状态下做说话的操练。

6. 教学强调语言意义，而非语言形式

任何语言都有意义和形式两个方面。语言的意义与形式是一个硬币的正反两面，相互不可分割。在处理语言意义和形式之间的关系时，存在两种截然相反的理念：一种是以语言形式为主，语言意义为辅，如语法翻译法就是以语法为纲或以语言学习为主；另一种是强调语言意义，而非语言形式，旨在发展学生的听说能力和交际能力，而语言形式为发展交际能力服务。

7. 容忍学生所犯的语言错误

除发音外，教师对学生所犯的语言错误应抱有容忍态度。但 TPR 主张学生之间相互纠正所犯语言错误。而且，随着学生学习的发展和深化，教师的干预则有所增加。

8. 降低学生心理压力

减轻学生学习紧张情绪和降低学生学习心理压力，不仅能提升学生理解和运用语言的能力，而且能营造轻松愉快、生动活泼的课堂气氛。

二、任务教学法

任务教学法的产生可溯源到海姆斯（Hymes）的交际能力理论的出现和随之而来的交际教学法。交际教学法发展到现在，已从最初的一种教学途径成为一种教学思想。在交际教学思想的指导下，有各种各样的路子。任务型语言教学正是诸多交际教学途径中的一种。可以说，任务型语言教学的教学思想仍然在交际语言教学思想的理论框架之内的。其主要的教学原则和理念与交际语言教学的主张是相同的。因此，理查德（Richards）和罗杰斯（Rodgers）把任务型语言教学也归为交际语言教学的一种途径。任务型教学指以任务为核心单位计划、组织语言教学的途径。其倡导者认为任务型教学是交际语言教学的逻辑发展，因为它与交际语言教学的若干原则是一致的。

任务重点是学生如何通过交流和互动交流信息和解决交际问题，而不是强调学生使用什么形式的语言；任务有可能在现实生活中发生；学生应该把学习的重点放在如何完成任务上。评估任务是指评估任务是否成功完成。从上面对不同任务的定义，我们可以看出关于任务的主要观点有两种。一种观点认为，家庭作业包括学生在课堂上做的所有事情，包括学习语言的形式，如语法练习和控制练习。任务不一定是交流的，它们也可以是机械的和重复的。另一种观点认为，任务和沟通之间存在不可避免的联系。任务的目的是传达意义。那些专注于语言形式的活动（如语法、语音和词汇练习）不是家庭作业，而只是"练习"。

任务型语言教学的特点如下。

第一，重点关注的是学习的过程，而不是学习的结果。

第二，强调交际与有意义的活动和任务。这些有目的的活动和任务是学习过程中最基本的成分。

第三，学习者是在参与活动与完成任务的过程中，通过交际性和有目的的交互活动掌握语言的。

第四，需要学习者完成的任务活动既可以是生活中真正的任务或活动，也可以是在课堂内为了教育目标而设计的任务或活动。

第五，在任务型大纲中，任务与活动是根据任务难度来排列的。

第六，任务的难度取决于一系列因素，如学习者过去的经历，任务的复杂程度，完成任务所需的语言以及完成任务时有哪些可以得到的支持等。

任务型语言教学的理论基础来自多个方面，包括心理学、社会语言学、语言习得研究、课程理论、学习理论、认知理论、心理发展和教育理论。但其最重要的理论基础是语言习得理论和社会建构理论。

任务型教学所遵循的原则有以下五个方面。

①互动性原则：互动途径本身是学会交际的最佳途径。对互动的强调还涉及有助于语言学习的其他原则，包括合作学习原则、内在动机原则和与情绪相关的冒险原则（成功的学习者乐于冒险）。

②语言材料的真实性原则：语言是文化的载体，从某种意义上说，学习语言就是学习文化。引入真实文本的重要性在于：真实文本让学生直接接触目标语言的文化，有助于获得目标语言的真实体验，强调真实文本的引入有助于培养学生的文化意识和语境意识。

③过程原则：让学生体验学习过程是任务型学习的原则之一。在某些情况下，学习过程是主要的，而学习内容是次要的。此外，交际是一个过程，交际能力的获得也是一个过程。任务型教学使学生在完成任务和解决语言问题的过程中感知语言、内化语言、学会交流。

④注重学生亲身体验促进学习的原则：任务型教学坚持有效的语言学习不是公正的，而是体验式的，体现了学生对学科状态的肯定和关心。学生个人体验对学习的促进作用，一方面表现在对学习活动的积极认知参与上，另一方面，学生原有的知识结构、体验背景和对认知对象的兴趣也会促进学习。学生将新获得的信息融入原有的认知结构中，使原有的认知结构得到丰富、扩展或调整。

⑤课堂语言学习与课外语言使用的相关性原则：任务型教学注意到传统语言教学与社会实践的脱节，并试图克服这种脱节，目的是在课堂上进行地道的语言教学和社会化。真实而现实的任务也是任务型教学中选择"家庭作业"的标准，以确保大多数学生觉得它有趣、有价值、有动力，会尽力去做并从中受益。

总之，任务型教学体现了外语教学目标和功能的转变，体现了外语教学从注重如何教到注重如何学、从注重教师到注重教学的转变，并从关注语言本身到关注学习人类在语言习得和使用方面的变化趋势。从语言教学的角度来看，任务型教学的直接目的是为学习者提供一个自然的语言学习环境，培养学习者处理现实生活中交际问题的能力。完成一项任务的过程可以为人际交往创造许多机会。任务型教学在一定程度上将语言能力的目标与生活和工作技能的目标联系起来，通过完成任务来学习交流已经超越了语言学习本身。

第四章 多元视角下的大学英语基础教学

第一节 多元视角下的英语语音教学

语音教学是整个语言教学的重要环节，能否掌握正确的发音，直接关系到学生语言交际能力的发展。因此在语音教学过程中我们应遵循一定的英语语音教学原则结合语音教学功用构建一种行之有效的语音教学模式以保障英语语音教学顺利开展。

一、英语语音教学的功用

语音作为语言学习基础在语言三要素（即语音、词汇、语法）中处于首位而语言的其他两个要素均要通过语音才能得以体现。

首先，语音是词汇学习的重要途径。实践表明，语音的准确性直接影响词汇拼写的准确性。学习词汇不仅要靠视觉记忆还要结合听觉记忆否则难以达到成效，然而部分学生不重视语音学习单词发音不准，错误日积月累积重难返，开口错误连篇严重影响了英语学习的实效性。因此只有通过系统的语音学习掌握英语词汇才能事半功倍。

其次，语音是听力理解的基础。语言学习的目的是培养语言交际能力如果语音不清，词不达意，语言交际便难以达到预期效果。一些听力材料内容简单理解起来并不困难但一经说出或从录音机放出学习者便不知所云。究其原因在连贯的句子中，单词的发音不独立，因受到重音、连读、语速、语调等语言因素的影响简单的词汇听起来也会变成"熟悉的陌生人"材料的理解难度因而增加。因此加强语音训练，熟悉语音规则，可以进一步提高声音信息的获取能力和分析能力。

再次，语音有助于阅读能力得提高。文字是语音信息的书面载体掌握文字的语音信息，可帮助语言学习者深入理解阅读资料的文字信息实现流畅性阅读，由此可见，语音意识的培养有利于学生全面发展阅读能力。

最后，语音是语法学习的有力保证。众所周知，一些语法现象要通过语音才能得以体现。例如名词有单复数变化动词有人称和时态变化。对于这些语音规则的掌握，有助于学生及时纠正语法错误规范语言学习。

二、英语语音教学的基本原则

（一）准确性原则

语音准确性是语言学习的前提条件。开展语音教学时，要保证语音信息输入的准确性。教师可以充分利用教材配套的有声语料引导学生模仿标准语音，然后再有针对性地进行语音矫正。

（二）长期性原则

语音教学要贯穿英语教学始终、英语教师应做到长期坚持根据学生自身情况和特点，分层次、分阶段、有步骤地开展语音教学。随着学生语言能力的提升，语音教学应由单一的技能训练逐步向全方位的语音指导过渡。

（三）针对性原则

语音教学要因材施教、有的放矢。有的学生来自偏远山区或少数民族地区，因受方言或民族语音的影响，无法准确有效识别部分语音内容。因此在教学中要进行有针对性地指导消除方言乡音和民族语音对英语语音教学的影响。

（四）交际性原则

语言交际是语言学习的基本目标。语音是实现语言交际的重要手段，语言交际体现了语音存在的价值。所以，语音教学要结合相关语境，让学生在语境中体会语音的交际意义。

（五）趣味性原则

学习兴趣是英语学习的源动力。单一教授语音知识会让学生感觉枯燥乏味因此教师可采用多种形式的语音教学活动培养学生的学习兴趣激发学生的学习动机。

三、英语语音教学的意义

语音、词汇和语法是语言学科的基本要素，而语音是三要素之首，更是学好语言的基础，对提高语言的整体水平起着关键性作用。

（一）帮助学生轻松地记忆单词

语音教学是英语教学的重要组成部分。由于声音语言是主要的，英语作为一种注音文字，在某些语法现象、词汇和习语等方面受到注音的影响或限制。至于词汇，如果说汉语里很多词汇可以"望文生义"，那么英语里就有不少词汇可以"听音生义"。在教学中，学生最常抱怨的问题是记不住单词，他们没有意识到良好的发音是有效记忆单词的一种方式。英语的拼写和发音有一定的内在联系，有规律可循。如果我们掌握了这些发音规则，将帮助我们正确地听和说，并轻松地记住单词。

（二）能够提高学生的听说技能

如果学生能掌握语音，不仅可以提高他们学习英语的信心，还可以提高他们学习英语的积极性。发音的正确与否直接影响到对方能否理解或正确理解对方。一个系统地掌握了语音学理论知识并能在实践中应用的学生，不仅在说（或读）英语时能够胜任英语阅读技巧，而且能够自然而然地进行连读、不完全爆破、同化、弱化等语音现象，在听英语时能迅速对此类语音现象做出反应，并准确理解其意思。

（三）有助于培养学生的阅读能力

对于非英语国家的学生来说，阅读能力无疑是衡量他们英语水平的一个重要指标，也是直接影响他们考试成绩的一个重要方面。阅读理解的目的无非是评估语法、词汇知识等的综合水平。词是记录声音语言的符号。如果你对这些符号掌握了正确的声像，当你阅读的时候，所看到的书写符号就能很快地转化为脑海中相应的声像。这个转换过程的快慢，决定了我们阅读的速度，尤其是有些学生看文章有朗读或默读的习惯，如果阅读有困难，更谈不上理解。

四、英语语音教学的现状

（一）不重视语音教学

目前在大学英语教学中，部分学校没有意识到语音教学的重要性，不重视语音教学。仍有不少教师认为学生的语音学习在大学之前已经完成了。实际上在大学之前，学生也没有系统的语音知识的学习，由于应试教育的压力，在中小学阶段，语音就没有引起足够的重视，大部分学生的语音基础比较薄弱。基本上很多学生并不能完全正确地拼读出国际音标，也不能说一口流利的英语，在英语听力方面也有很大的问题。学生能背诵语法规则，但不会应用，如果大学里也不重视语音的学习，学生的英语交际水平就不能提高。

在实际的语音教学中，教师通常只关注单个音标的发音，对学生的语音节奏、语调、语感等的培养不重视。学生不能具体深入地了解读音规则，在读英语句子时很容易出现语音错误，很难处理音变的问题，盲目模仿会造成错误的发音习惯，以后很难纠正。

（二）认识误区及方言差异影响语音语调

不少学生对英语语音的学习存在误区。自身不重视语音的学习，认为在中小学阶段已经掌握了语音，在大学阶段主要为了应对考试而进行英语学习。学生们为了能够通过等级考试，通常会花费大量的时间背单词、做题、提高完形填空和阅读理解题的成绩，完全忽视了英语的综合性学习。不重视英语的听和说，忽略语音学习，英语能力得不到提高。

我国领土广大，人口众多，不同地区有不同的方言。由于教师在教学中没有重视语音教学，加上长期受方言的影响，很多学生英语语音底子薄，语调上存在普遍的问题。首先，在单音素发音和单词的读音上存在错误，受长期的母语和方言的影响，很多学生在单音素发音上存在用汉语拼音代替英语拼音的问题，在发音的口型上也不正确，导致英语语音不准确。受汉语的影响，学生在单词读音上经常将重音移位，乱加音，不注意爆破。其次，在语流中节奏和重音上有问题。对于汉语来说，以音节为节拍，但英语以重音为节拍。学生常常不会处理重音，重音的表现力差，没有鲜明的节奏，因此在英语朗读中很难突出中心，大部分学生不会停顿，英语的过渡和连接有问题，没有英语的节奏感。最后，在英语句子的学习中，学生不会把握语调，英语语调模糊单一，不能表达英语语言中的情感，很多学生是机械化的语调，分不出句子的属性。

（三）大学英语语音教学材料的缺乏

教材是学习的重要指引，但是目前我国大学英语教材对语音知识的涉及比较少，不能满足学生的学习要求，也不能进行语音测试。对于非英语专业的学生来说，大学英语的语音教材不多，缺乏综合性和实用性。相关语音教材主要是针对英语专业的学生编写，不适合非英语专业学生的学习。有些语音教材没有对语音知识进行系统的介绍，只是偏向于单音素的发音，学生们很难找到适合自身英语水平的语音教材，不利于语音的学习。

五、英语语音教学的基本模式

教学模式指在教学理论指导下构建相对合理稳定的教学程序和范式。它既从宏观上把握了教学活动中各要素间的关系又体现了教学活动的有序性及可操作性，依据英语语音教学功用及原则提出以下英语语音教学模式。

(一) 主题呈现

明确课堂主题，能够帮助学生确立学习目标高效完成学习任务。因此教师首先要向学生介绍学习任务随后呈现一种语音特征并通过真实的语音材料进行展示。同时要求学生仔细观察语音现象由教师提出问题，以进一步加强学生对此项语音特征的了解。这一部分的内容旨在提高学生对英语语音特征的感性认识即感受说话人的语音语调。教学原则是指导教学工作的指导性原理和行为准则。正确运用教学原则对提高教学效率和保证教学质量具有重要作用。因此基于英语语音功用教师应遵循以下原则。

(二) 语音模仿

通过模仿主题呈现阶段性的视听材料，加强对该语音特征的理解。此阶段有别于传统教学中的模仿，它是建立在理解基础之上的模仿。模仿的目的是理解语音特征即语音和语调的特点。教师可以要求学生运用夸张的口形和突出的语调，先慢后快地进行模仿并配以相应的肢体动作加深对相关语音特征的印象。此外教师还可以将单词和音标进行同步教学，或是利用语言的迁移规律帮助学生接受语音知识。

(三) 情境创设

如果把主题呈现和语音模仿视为金字塔的顶层设计那么情境创设则是构建金字塔的主体框架。根据教学内容教师运用生动形象的语言并借助多媒体，通过快速反应、分角色朗读、辨音练习等各种形式的课堂活动创设学生熟悉的语境，让学生身临其境地了解语音特征及适用范围，进而激发学生的英语学习兴趣。总之教师要通过情境创设同时运用多种教学活动来训练学生语言思维引导学生认识语音规律。

(四) 合作学习

在创设情景的同时教师可以开展合作学习，即让学生明确责任分工，共同实现互助性探究学习。在语言知识建构过程中，个体意识要主动融入集体意识中进行合作探究式学习并最终达成共识。教师可综合运用视听语料和网络资源，使教学内容更为直观形象进而激发学生参与合作探究式学习的主动性在教师的指导下通过学生合作学习探究说话人运用某种语音特征在特定的语境中表达自己思想的方法和途径进一步分析此种语音特征的实际功用。

(五) 任务型学习

任务型语言学习是20世纪80年代提出来的一种语言学习理念、其核心思想是：要让学生"在做中学"；"在用中学"，"为了用而学"。因此，该环节要求学生通过语言实践活动完成指定的学习任务。学习任务既可由学生自行安排，也可由教师确定完成学习任务时要充分体现教师的主导作用发挥学生的主体作用，调动学生的学习积极性，让学生在一个相对自由的环境中运用所学语音知识。

（六）效果评价

学习效果评价是指对学生的课程学习效果进行终结性评价。在情境式语音教学中学生是评价的主体所以要充分调动学生的主动性。评价方式包括学生自我评价、小组对个人的评价及小组之间的评价。通过这种多维度评价机制学生可以对自己的语音学习效果有一个更为客观、全面地认识，语音教学效果也会事半功倍。

六、多元文化下英语语音教学

语言是人类交际活动的重要途径。语音是语言交流的载体，如果失去了语音，人们的日常交往，商贸活动，语言教学都将无法正常进行，因此语音教学是语言教学的基础。在语音教学上，每位教师都应该了解英汉两种语言在语音方面的异同，注意英汉两种语音的对比，从而能够预见学生在语音学习中的重点和难点，在教学方法上采取相应的措施，以提高英语教学质量，减少甚至消除母语迁移的副作用。在语音教学中，要把听音——辨音——模仿——正音相结合，反复练习，从而为日后的英语听说能力打下坚实的基础。语音教学的主要方法如下。

（一）多模仿少讲解

语音教学的一个重要内容就是音标教学，而音标教学又是枯燥乏味的，如何使学生对音标学习产生兴趣呢？在语音教学中，模仿、训练、讲解很重要。首先，教师应该鼓励学生模仿，不要浪费时间进行解释，在多数情况下，直接的模仿就可以满足需要。在模仿有困难的时候，进行语音训练，利用一些有针对性的语音材料，进行反复操练。语音教学应该是个连续体即"暴露——模仿——训练——讲解"的过程。暴露是指教师向学生呈现真实的语音材料，这种真实的语音材料可能是一种没有引导说明的录音材料，也可能是一种自然的语言场景。

（二）以听为切入点，听练结合

语音教学中，听音是不可或缺的部分。胡春洞认为，听是语音教学的根本方法。先听音，后开口和听清发准，是语音教学的基本步骤。在语音学习中，要求学生模仿性听，即以模仿为主的听，学生要静静地听，同时在心中默默模仿；在听音过程还要进行辨音性听，这样可以有针对性地训练学生的辨音能力。当然，语音教学中，光听不行，还要语音操练。在听辨和模仿纯正的语音语调的基础上，反复操练。如果说听是语音学习的播种阶段的话，那么，练就是浇水、施肥、松土、除草阶段。在语音操练过程中，要使机械、单一、重复和枯燥的语音操练变得多样、有趣，就要教师发挥创造力，具体可以采用以下方法：①全班重复、小组重复、按列重复、安排重复、对角线重复与单个学生重复；②按座位次序操练和随机点名操练；③打开课本操练和合上课本操练；④每个学生或小组重复两次或三次与重复一次；⑤慢节奏与快节奏操练；⑥中性语调与神秘语调，或调皮语调与得意语调或夸张语调；⑦低音与常音或高音；⑧语音训练与口语训练、听力训练、词汇训练、语法训练相结合；⑨利用语境进行语音训练；⑩利用图片进行语音训练；⑪利用绕口令进行语音训练等。

（三）利用语言的迁移规律，进行语音教学

在语音教学中，要充分利用英语语音和汉语拼音间的相似之处，即汉语拼音对英语语音的正迁移，来促进语音学习；反之，利用二者的不同之处，即负迁移，来避免汉语拼音对英语语音学习的阻碍，也是学习的难点。

（四）循序渐进，加强语流语调教学

语音教学不应是短期活动，而是长期坚持并贯穿于英语学习的全过程。为了保证学生能够形成正确、地道、自然、流畅的语音，顺利地进行口语交流，教师除了进行单音操练外还应采取多种教学方法进行语流语调教学。让学生多听课文标准录音，英语为母语的人士的英语语音材料，特别是英语为母语的人士录制的语音材料中的精品作为听音材料，在精听的基础上，加大多元泛听，使学生掌握其发音规律，达到"耳濡目染，余音绕梁，三日不绝"的境地，如此坚持练习，学生才能突破朗读关，朗读时才能表情达意。

（五）巧用词典，巩固拼读能力，培养自学能力，养成预习习惯

词义可以通过上下文猜测和推断，但是语音不可以，因为很多英语单词的拼读是不规则的。许多单词因为其词性不同而重音不同或发音不同，所以巧用善用词典在语音学习和训练中很重要。在语音学习中，遇到生词，最可靠的方法就是查阅词典。通过查阅词典，让学生学会拼读单词，提高他们的拼读能力；同时，扩大了学生的词汇量，提高了单词的复现率，加大了语言语音的实践量，又能形成良好的语言输入环境和学习习惯，即输入的多，记忆的就多，并且使学生形成在英语的使用中掌握英语的良好学习策略。

七、大学英语语音教学

（一）多模仿少讲解

语音教学的一个重要内容就是音标教学，而音标教学又是枯燥乏味的，如何使学生对音标学习产生兴趣呢？在语音教学中，模仿、训练、讲解很重要。首先，教师应该鼓励学生模仿，不要浪费时间进行解释，在多数情况下，直接模仿就可以满足需要。在模仿有困难的时候，进行语音训练，利用一些有针对性的语音材料进行反复操练。语音教学应该是个连续体，即"暴露—模仿—训练—讲解"的过程。暴露是指教师向学生呈现真实的语音材料，这种真实的语音材料可能是一种没有引导说明的录音材料，也可能是一种自然的语言场景。

（二）以听为切入点，听练结合

在语音教学中，听音是不可或缺的部分。在语音学习中，要求学生模仿性听，即以模仿为主的听，学生要静静地听，同时在心中默默模仿；在听音过程中还要进行辨音性听，这样可以有针对性地训练学生的辨音能力。当然，在语音教学中，光听不行，还要进行语音操练。在听辨和模仿纯正的语音语调的基础上，反复操练。如果说听是语音学习的播种阶段，那么练就是浇水、施肥、松土、除草阶段。在语音操练过程中，要使机械、单一、重复和枯燥的语音操练变得多样、有趣，教师就要发挥创造力，具体可以采用以下方法：①全班重复、小组重复、按列重复、安排重复、对角线重复与单个学生重复；②按座位次序操练和随机点名操练；③打开课本操练和合上课本操练；④每个学生或小组重复两次或三次与重复一次；⑤慢节奏与快节奏操练；⑥中性语调与神秘语调，或调皮语调与得意语调，或夸张语调；⑦低音与常音或高音；⑧语音训练与口语训练、听力训练、词汇训练、语法训练相结合；⑨利用语境进行语音训练；⑩利用图片进行语音训练；⑪利用绕口令进行语音训练等。

（三）利用语言的迁移规律，进行语音教学

在语音教学中，要充分利用英语语音和汉语拼音间的相似之处，即汉语拼音对英语语音的正迁移，来促进语音学习；反之，利用二者的不同之处，即负迁移，来避免汉语拼音对英语语音学习的阻碍，也是学习的难点。

（四）循序渐进，加强语流语调教学

语音教学不应是短期活动，而是长期坚持并贯穿英语学习的全过程。为保证学生能形

成正确、真实、自然、流利的发音，用口语进行流畅的交流，除单音练习外，教师还应采用多种教学方法教授流利和语调。让学生聆听以英语为母语的人的标准文本录音、英语音频材料，特别是英语为母语的人士录制的语音材料中的精品作为听音材料，在精听的基础上，加大多元泛听，使学生掌握其发音规律，达到"耳濡目染，余音绕梁，三日不绝"的境地，如此坚持练习，学生才能突破朗读关，朗读时才能表情达意。

（五）巧用词典，巩固拼读能力，培养自学能力，养成预习习惯

词义可以通过上下文猜测和推断，但是语音不可以，因为很多英文单词拼写不规则。很多单词由于词性不同而有不同的口音或读音，所以在语音学习和训练中善用词典是非常重要的。在语音学习中，寻找生词最可靠的方法是查词典。通过查阅词典，学生可以学习拼写单词，提高拼写能力；同时扩大学生的词汇量，提高单词重复率，增加语言和发音练习，形成良好的语言输入环境和学习习惯，即输入的多，记忆的就多，同时让学生形成良好的学习方法，在英语的运用中掌握英语。

第二节　多元视角下的英语词汇教学

一、词汇概述

词汇是构成语言整体的重要细胞，是语言系统赖以存在的支柱，词汇对于语言以及语言学习非常重要。那么，什么是词汇呢？关于这一问题，不同的学者有不同的解释，可谓见仁见智，以下就对一些有代表性的观点进行分析。

路易斯（Lewis）对词汇进行了解释，他将词汇称为"词块"（lexical chunk），并把词块分为四种类型：单词（words）和短语（polywords）搭配（collocations）、惯用话语（idioms）、句子框架和引语（sentence framesand heads）。

总体而言，词汇是包含词和词组在内的集合概念，能够执行一个给定的句法功能，是基本的言语单位。

二、大学英语词汇教学的原则

在大学英语词汇教学中，教师应科学地遵循教学原则，以使词汇教学更加高效、有序地进行。具体而言，教师在开展词汇教学时可遵循以下教学原则。

(一) 循序渐进原则

学生的学习都是一步一步、循序渐进地进行的，所以教师在开展大学英语词汇教学时应遵循循序渐进原则。具体而言，在大学英语词汇教学中遵循这一原则是指教学中在数量和质量平衡的基础上对所教内容逐层加深。基于循序渐进原则，大学英语词汇教学不能仅仅重视学生对词汇数量的掌握，也应重视学生对词汇质量的把握，要做到在增加学生词汇数量的基础上，提升学生对词汇使用的熟练程度。逐层加深是指大学英语词汇教学应由浅入深、层层递进地进行，因为课堂教学中不可能一次性教授词汇的所有语义，学生也不可能一次性掌握全部知识。总体而言，在大学英语词汇教学中，教师要避免急于求成，应由浅入深地推进教学，逐步提升学生的词汇能力。

(二) 词汇呈现原则

在大学英语词汇教学过程中，教师首先要向学生呈现词汇。实际上，教师如何呈现词汇，对学生的学习兴趣有直接影响。因此，教师要注意词汇呈现的方式，具体而言，要确保呈现的直观性、趣味性和情境性。

(三) 联系文化原则

大学英语词汇教学应遵循联系文化原则，这是因为语言与文化密切相关，很多词汇都蕴含着丰富的文化，而且词汇学习的最终目的也是进行跨文化交际。遵循联系文化原则是指在大学英语词汇教学过程中，词义的讲解、结构的分析都应与文化相联系，使学生充分理解语言文化，有助于加深学生对词汇的理解，使学生全面掌握词汇的演变规律，并有效地运用词汇。

三、大学英语词汇教学的方法

合理、有效地运用教学方法可显著提升大学英语词汇教学的效率，优化大学英语词汇教学环境。因此，在大学英语词汇教学中，教师应创新教学方法，提高教学效果。

(一) 词汇记忆法

要想有效掌握和运用词汇，首先要记忆词汇，记忆对于词汇学习是至关重要的，因此在大学英语词汇教学中，教师有必要向学生介绍几种记忆词汇的方法。

1. 归类记忆

(1) 按词根、词缀归类

很多英语词汇的构成存在一定的规律，即由词根、前缀和后缀构成，对此教师可以引导学生对词根、词缀进行归类，这样不仅能提高记忆的效率，还能使学生掌握记忆词汇的规律，提高对词汇学习的兴趣。

（2）按题材归类

教师可以借助日常交谈中的话题来帮助学生记忆词汇。在日常生活和交际中常会涉及不同的话题，教师可以引导学生将与某一话题相关的词汇进行归类，这样既能有效地让学生记忆词汇，又能锻炼学生的交际意识和能力。

2. 联想记忆

联想记忆也是记忆词汇的一种有效方法，具体是指以某一词为中心，在头脑中联想与之相关的词汇。这样可以拓展学生的思维，使学生的词汇掌握更具系统性，而且记忆效果更佳。

3. 阅读记忆

词汇与其他语言技能有密切联系，如词汇与阅读关系密切，因此可以通过阅读来记忆词汇。具体可以通过精读和泛读来记忆词汇，通过精读可以深入了解词汇的含义，通过泛读可以进行无意识记忆，加深对精读所学词汇的记忆。可以看出，经常进行阅读，不仅可以有效记忆词汇，还能加深对词汇的认识，了解词汇在特定语境中的运用情况。

（二）文化教学法

随着语言教学的文化倾向以及语言与文化的密切关系，大学英语词汇教学应与文化教学相融合，一方面培养学生的文化素质，另一方面通过文化来深化学生对词汇的认知，进而培养学生的跨文化交际能力。具体而言，教师可以采用以下几种方法。

1. 融入法

在大学英语词汇教学中，教师可以将词汇教学与文化教学相结合，也就是将相应的文化知识融入词汇教学中，从而让学生在掌握词汇知识的同时，了解其文化含义，提高学生的词汇理解和应用能力。具体而言，在备课过程中，教师可以选取一些与教学内容相关的典型文化材料，将它们恰到好处地融入词汇教学课堂，以增强教学的趣味性、知识性和文化性，并且扩大学生的文化视野，提高学生的积极性，加大学生词汇学习的深度。

2. 扩充法

词汇学习不能仅依靠教师的课堂讲授，还要依靠学生的课外自主学习，对此教师应有效引导学生充分利用课外时间来自主扩充词汇量,丰富词汇文化知识。

(1) 推荐阅读

教师可以向学生推荐一些课外读本,如《英语学习文化背景》《英美概况》等,让学生利用课余时间进行阅读。通过阅读英语名著,学生不仅能充分了解西方文化背景知识,扩大文化视野,还能积累丰富的词汇,了解词汇的运用背景以及词汇的文化含义,更能培养学生良好的自主学习习惯,促使学生终身学习。可见,阅读英语书籍对学生的词汇学习而言是非常有意义的。这不仅能培养学生的自主学习能力,还能丰富学生的文化知识,扩充学生的词汇量。

(2) 观看英语电影

现在的大学生对于英语电影有浓厚的兴趣,对此教师可以借助英语电影来提高学生的词汇能力。具体而言,教师可以选取一些蕴含浓厚英美文化,并且语言地道、通俗的电影让学生观看。这样学生就可以在欣赏影片的过程中,切实感受英美文化,提高文化素质和词汇能力,同时提升学习词汇的兴趣。

第三节 多元视角下的英语语法教学

一、英语语法教学的意义

(一) 语法是句子产生的机制

学习任何一种语言,学生都要不断地记忆各种语言项目,如词汇、短语、句子等,即"项目学习"。然而,一个人能记住的单个元素的数量非常有限,因为他还要花更多的时间学习语言的其他模式或规则,以利用已经记住的元素形成新的句子。这里的模式或规则是语法。英语语法是学生使用已知词汇和自己的创造力生成无数句子的机制。因此,教授英语语法可以为学生提供更多创造语言的机会。

(二) 语法知识具有调整的功能

英语词汇只有按照一定的语法规则才能组成可以被理解的句子。对于学生来说,在课堂上他们可以接触大量的语言材料,根据这些资料,他们还可以创造出很多新的句子,但受语言能力的制约,他们在表达句子时常常出现表述不清的情况,此时就应该运用语法知识进行调整，以使句子表达更加准确、清晰。

（三）语法可以解决语言学习中的"石化现象"

如果学生有着明确的学习动机和较强的学习能力，那么他们可以不经过正规的学习也能达到较高的语言水平。但是在语言表达过程中，他们总存在一些问题。

第一，形成错误的语言习惯，难以修正。

第二，语言水平达到一定阶段就无法再提升，出现了"石化现象"。

此时，教师就可以将语法渗透到语言教学中，以改变这种现象。

（四）语法教学有利于学生分项掌握语言的组成成分

每一种语言都有属于自己的庞大系统，而作为语言的一个重要系统——语法，还包含着多个子系统，它是由固定数目的明确规则构成的，所以语法教学必然会减轻语言教学的工作量。在学习语法的过程中，往往要将语言进行分解，组成各自的范畴，从而明确语言教学的各个目标。

二、大学英语语法教学的原则

大学英语语法教学的有效开展应以科学的原则为保障。也就是说，在大学英语语法教学中，教师应遵循一定的原则，以确保教学高效开展。

（一）以学生为中心原则

以学生为中心原则是指教学活动要以学生为主体，紧紧围绕学生来开展，大学英语语法教学也应遵循这一原则。在大学英语语法教学中，教师应更新教学理念，认识到学生的主体地位，将学生放在教学的中心位置，有效激发学生的学习兴趣，鼓励学生积极参与教学活动，引导学生自主发展、学习和掌握语法规律，以培养学生的语法能力。

（二）交际性原则

交际性原则是指恰当地运用多媒体设计课堂教学，创设合理的语言交际环境，使语言交际环境符合实际环境，从而帮助学生更好地掌握语法知识，提升交际能力。提高学生成绩并不是语法教学的最终目的，对语法知识的使用才是语法教学的本质，所以语法教学应结合学生的实际生活，培养学生的语法思维，提升学生的听、说、读、写能力，提高学生的语言交际能力。

（三）系统性原则

我国大学生在语法方面存在的显著问题之一就是语法知识掌握不够系统，很多学生常常机械地、孤立地学习语法知识，无法有效区分概念详尽的语法内容，导致他们在口语表达和书面写作中出现很多语法错误。

实际上，英语语法有其自身的规律，教师在开展语法教学时应在遵循系统性原则的基础上，引导学生注意语法项目之间的关系，帮助学生完善语法知识系统，使学生系统地掌握语法知识。

三、大学英语语法教学的内容

词法和句法是英语语法教学内容的两大方面。词法主要包括构词法和词类。构词法主要涉及词缀、词的转化、派生、合成等内容，而词类则包括静态词和动态词两种。这里的静态词主要指名词、形容词、代词、副词、数词、介词、连词、冠词、感叹词等。静态词并非绝对的静止不变，如名词有性、数、格的变化，形容词有比较级和最高级的变化。动态词主要包括动词以及直接与动词相关的时态、语态、情态动词、助动词、不定式、分词、动名词、虚拟语气等。句法可分为句子成分、句子分类、标点符号三个部分。英语句子的成分主要有主语、谓语、宾语、表语、定语、状语、同位语、独立成分等。从目的上考虑，句子可分为陈述句、祈使句、感叹句、疑问句；从结构上看，句子包括简单句、复合句和并列句。与句子有关的内容还包括主句、从句、省略句等。标点符号也是句法学习的重要内容之一。此外，还有词组的分类、功能、不规则动词等。

四、大学英语语法教学的方法

语法课堂教学除了要注意以上问题外，还必须熟悉如下具体的方法。为了提高学生的语法水平，培养学生的交际能力，教师应灵活选用有效的教学方法开展语法教学。

（一）三维教学法

在具体教学过程中，英语教师都倾向于两种教学方法：一种是注重语言形式或语言分析的教学方法，另一种是注重语言运用的教学方法。这两种方法各有侧重，但实践证明，将两种方法结合起来才会更加有效。从交际角度而言，语法不仅是各种形式的集合，语法结构也不仅有句法的形式，也可以运用具体的语言环境来表达语义，将这三个方面表述为形式、意义和用法。

三维教学法的实施包含五个步骤：热身运动、发现语法、学习形式、理解意义、应用语法。

①热身运动是对上一课堂要点的复习，然后通过一些参与性活动，如听歌、表演、竞

赛等形式，让学生对新的内容有所了解，调动学生的背景知识，激发学生的求知欲望。

②发现语法是指学生通过教师讲解和引导，感知和发现语法现象。

③学习形式是指学生在发现语法的基础上，以语法结构的形式总结出语法规则。在课堂教学中，这部分内容表现为回归课文阅读文章，通过阅读文章找出类似的形式和结构。这一阶段过后，学生能够为下一步理解、操练规则做好准备。

④理解意义是指设计以意义理解为主的活动，从而促进学生对语法项目的理解，为语法的应用奠定基础。

⑤应用语法是指教师为帮助学生掌握语法规则，提高其语法应用能力所设计的交际性好、能够促进思维发展的活动或任务。

在具体教学过程中，教师可以根据具体的教学情况对上述几个步骤进行调整。

（二）语境教学法

为了调动学生的感觉器官和学习兴趣，教师可以采用语境教学法来开展语法教学，让学生在真实的情境中学习，帮助学生系统地掌握语法知识，提高学生的语法运用能力。

1. 运用媒体，展示情境

在大学英语语法教学中，教师可以运用多媒体技术进行教学。多媒体教学素材丰富多样，包含图像、图形、文本、动画以及声音等，将对话的时空体现得生动和形象，使图像和文字都得到了充分体现，课堂范围不再沉闷死板，学生的感官得到了调动，加深了学生的印象，提高了学生参与课堂教学的积极性，从而使教学和学习效率得到了显著的提升。

2. 角色扮演，感受情境

在大学英语语法教学中，教师还可以组织学生进行角色扮演，让学生身临其境地学习语法知识。学生可以通过自己扮演的角色，体验相应情境下人物的言行举止、思想情感，深化所学知识，提高学生的人文素养。

（三）演绎法

在英语语法教学中，教师可根据学生认识和掌握语法规则的过程和语法呈现的方式，采取演绎法或归纳法。演绎法就是由教师先讲解语法规则，然后根据现有的语法规则提出一些例句，接着便可组织学生按照规则进行练习。演绎法的优点是直截了当、省时省力。

例如：

运用所给单词仿造句子。

tall、smart、kind、polite

可输出如下句子：

Robin is the tallest student in the class.

Robin is the smartest student in the class.

Robin is the kindest student in the class.

Robin is the politest student in the class.

另外，在讲授完语法规则和例句后，教师还可要求学生用给出的指示词将例句的语言结构变换成另外一种类似的结构，使学生在不断的实践中加深对语法点的理解。例如：

运用给出的副词或副词短语将下列句子变成过去时。

She usually has breakfast at seven.（this morning、eight）

We have English and Chinese today.（last Monday、music and drawing）

学习者根据提供的范例，可能输出下列句子。

This morning she had breakfast at eight.

We had music and drawing last Monday.

尽管演绎法的优势十分显著，但其也存在一定的不足：演绎教学法使学生对教师的依赖性增强，所学的语法知识也不牢固；过分注重形式而不是使用，其中教师的讲解过多，学生的参与较少，学生始终处于被动的学习状态。

（四）归纳法

与演绎法恰好相反，归纳法是先由教师列举实例，然后师生共同观察、分析实例，接着由教师归纳出定义和规则，最后再组织学生按照规则展开操练。例如，学生在中学时期已经学习了英语形容词、副词的比较级和最高级变化，进入大学以后，随着接触到的英语词语越来越多，他们渐渐发现一些词语的变化并不符合通用的英语语法规则。对于这些英语词语的特殊变化，教师可先呈现包括这些不规则英语的形容词、副词比较级和最高级现象的句子，然后让学生自行归纳出它们的变化形式，比较分析它们与通用规则的异同。请看下面一则实例。

Few people don't complain their work is monotonous and tedious, but if they don't work they will feel more bored.

Suddenly, I felt that I was a mere intruder: I became even shyer than Madame Curie.

For a while, this critique turned out to be more right than wrong.

What have you yourself been most wrong about?

If you upend the box, it will take less space.

Most of my colleagues have gone down with flu.

通过对比分析，学生很容易发现一些形容词、副词的不规则变化。教师可趁此机会让学生展示自己的研究成果，然后对其予以鼓励和补充，最后将一些常见的不规则形容词、副词的变化进行总结。

（五）交互式语法教学法

交互式活动一般包括学生之间的互动活动、师生之间的互动活动和人机之间的互动活动。其中，人机交互主要可以利用多媒体教室的交互功能和网络通信技术，建立学生与学生、师生合作的机制，有利于为英语语法教学提供更广阔的空间。

下面就分别介绍学生之间的互动活动和师生之间的互动活动。

1. 学生之间的互动活动

教师在设计学生之间的互动活动时，应该根据一定的语法知识，尽量创设一种真实且自由的氛围，以便充分引导和灵活组织学生运用所学的语法知识进入情境，以积极展开互动活动。例如，在讲解 might、may、can、must 时，教师应先介绍它们的含义：may 表示"可能"或"可以"，can 表示"可能"或"能够"，must 表示"一定"或"必须"；并说明当用于"推测"时，它们的"可能性"依次增强，即 might – may – can – must。之后，教师就可根据这一规则设计一个案例：John 在办公室的保险柜被撬，大量宝贵物品和钱款均被一扫而空。警方暂时指定出三个嫌疑人：Tom、Kate 和 Jack。Tom 是 John 最好的朋友，可自由出入办公室；Kate 是 John 的同事，对 John 的作息时间了如指掌；Jack 是 John 的小学同学，曾进入过 John 的办公室，他是个惯偷。教师可组织学生扮演警察，讨论"Who is the thief？"各位"警察"的讨论如下：

Police 1：As John's workmate, Kate knows when John leaves home and when he comes back, so it might be her.

Police 2：No, it can't be Kate, because she can't enter John's room.

Police 3：Because Tom can enter John's room, it may be him.

Police 4：It may not be Tom, because he and John are good friends.

Police 5：It must be Jack, because he often steals something and he can enter John's room and we can tell the footprints on the floor are his.

Police 6：I agree. It must be Jack.

学生在讨论的过程中，将 might、may、can、must 等词反复地运用到语境中，加深了对这些词汇语法知识的理解，为更好地进行语言交际奠定了基础。

2. 师生之间的互动活动

师生之间的互动活动就是教师和学生利用目的语进行有意义的语言交际活动，既有信息交流，又有情感交流。教师不再做传统意义上的知识输出者，而是帮助学生掌握知识的有效促进者。例如：

T：Wang Fang, could you tell me what you were doing at 5 o'clock yesterday afternoon?

S：I was sleeping.

T：Were you doing your homework or going over the lessons in the afternoon?

S：No, I was doing neither, and I was sleeping the whole afternoon.

T：Well, we ready need a good rest. But you were not studying yesterday afternoon. Why were you staying in bed so long? Were you not feeling well?

上述对话就将过去进行时这一语法项目融入了学生的真实生活。这些问题极大地激发了学生的交际兴趣，对培养学生的交际能力有重要意义。因此，对于师生之间的交互活动，应注意尽量设计一些有意义的问题，使学生在回答问题的过程中，可以掌握语法知识并应用于实践。

第五章　多元视角下的大学英语语言能力教学

第一节　多元视角下的英语听力教学

一、英语听力的意义

（一）听是人们交流的重要手段

大学生英语综合能力的五个方面——听、说、读、写、译，听力首当其冲。然而，随着全球化进程的加快，我国与国际交流的范围日益扩大，程度日益加深，在经贸、科技、文化、军事、教育等各个领域都需要与国外展开广泛的交流与合作，促使社会对听说能力的要求更高了。然而对多数大学生来说，听力是弱项，加强英语听力教学显得越发重要。

（二）听可以促进说、读、写能力

听是英语教学中五项基本技能之一。听力能力的提高为发展学生其他各项能力（如说、读、写能力）起到促进作用。听力教学的任务是如何使学生从语言因素中提取信息、理解信息。提取信息是语言表达的基础，只有听懂、听准了，才能传达自己的语言信息，也才能达到交际语言的目的。听力能力的培养与交际能力的提高是相辅相成的。听力能力是交际能力的前提和基础，而交际能力是听力能力的结果和目的。只有听力能力的提高，才有说、读、写的顺利进行。此外，只有听力教学质量提高了，才不会影响口语教学、阅读教学和写作教学等课题的顺利进行。

二、大学英语听力教学的原则

（一）真实性原则

语言学习的最终目的就是交际。因此，在听力训练过程中，只有使用真实的语料和情境，才能为学生以后的实际交际打下良好的基础。听力材料的选择对学生听力能力的训练起着关键性的作用。在选择听力材料时要注意以下两个问题。

1. 材料多样

听力教学是枯燥的训练，为了保持和提高学生的学习热情和积极性，听力材料的选择首先要具有多样性。不同场合的语言具有不同的风格与特点。在英语教学中，教师应该充分考虑学生的实际情况，在听力材料的选择方面，要尽可能考虑到不同的情形，使学生熟悉与适应不同的语言特点，这样才能使学生将所学知识更好地运用到日常的交际活动中。

2. 难度适中

一般来讲，听力材料太简单，不利于提高学生的听力水平；而材料过难，又会造成学生心理紧张，影响听力水平的发挥。笼统来说，听力材料的难度要略高于学生的现有水平，这样对学生来说具有一定的挑战性，学生也更乐于接受。

（二）多样化原则

在听力训练过程中，教师应根据不同的训练目的，采用不同的训练手段。训练手段的多样化不仅能让训练变得有针对性，还能让学生对训练一直保持兴趣，否则千篇一律的训练方式会让学生感到乏味。在课堂上，学生听教师和其他同学讲英语是培养其听力能力的重要途径。教师可根据由慢到快、由易到难、由简到繁的原则坚持用英语组织课堂教学、讲解课文，并鼓励学生大胆讲英语，以创造浓厚的课堂氛围。

另外，教师应根据不同的教学目标选择不同的听力材料，并采用不同的训练模式，如教学目标是让学生区分练习各种语音，那么可以让学生听几组发音相似的词汇或含有相同读音词汇的句子，让学生边听边体会；或者教学目标是归纳总结听力材料的文章大意或主题思想，就可以允许学生运用汉语来总结概括。

总之，教师要尽可能地为学生创造听英语的机会和条件，不断改变和改进训练方式，让学生愿意主动配合教师的训练，使学生的听力得到逐步提高。

（三）循序渐进原则

学习不可能一蹴而就，而是需要经过一个循序渐进的过程，英语听力学习也不例外。因此，教师在进行英语听力教学时应遵循循序渐进原则，在听力教学中做到由慢到快、由易到难、由简到繁。

循序渐进原则主要体现在听力材料的选择上。教师应该根据学生的学习阶段选择听力材料，听力材料的难度由易到难，逐步加强并兼顾多样性以及真实性。例如，教授初学者时应选择吐字清晰，连读、弱读现象少，并且语速适中的材料。听力内容也要贴近生活，应选择社会热点话题、新闻、故事以及日常生活会话等，以激发学生听的欲望和兴趣，让学生在听的过程中有所得、有所知。随着教学的进展，教师可以在各个方面提高听力材料的难度，以满足学生的求知欲。

（四）听、说、读、写有机结合原则

英语教学中的听、说、读、写四项基本活动，既相互独立，又相互依存。而且更多情况下是几项活动互相结合，同时进行。以听力训练为例，虽然是训练学生的听力，但是一般还会采用会话、听写、听后复述等方式，这样做不仅可以集中听的注意力，带动其他技能的发展，而且可以创造真实的语言环境，有利于培养实际的交际能力，从而收到事半功倍之效。听、说、读、写四种能力是相辅相成、休戚与共的，任何一种能力的提高都能带动其他能力的提高。反之，任一种能力的缺乏都会影响其他能力的掌握和提高。

（五）综合训练原则

综合训练原则是指在听力训练的过程中不能单纯依靠某种训练手段，要尝试将几种训练方式结合起来，使训练变得更加高效。

1. 分散训练和集中训练相结合

分散训练主要是指分散于语音、词汇、句型、语法，课文教学中以各种单位和各种方式进行听的活动，特别是配合课文教学的听。它主要通过语言教学，让学生在不知不觉中接受听力的专项训练。在日常教学中，教师教授例句、文章应尽可能以口头形式完成。这种潜移默化的影响对学生听力能力的提高有很大帮助。由于听的活动需要注意力高度集中，时间一长就容易使学生疲劳，所以分散训练是一种有效的办法。

但作为专门的技能训练，听力训练只分散进行是不够的，还需要集中训练。集中训练指在分散训练的基础上，每周专门抽出 1~2 课时进行大量的、有指导的强化训练，对学生在听力中遇到的具体问题进行具体的帮助、指导。只有集中进行听力训练，时间才能得到保证，教师也才能集中精力，根据不同学生的不同困难，进行有针对性地帮助和指导。只有坚持分散训练和集中训练相结合，才能真正让听力训练变得有效果。

2. 分析性听和综合性听相结合

分析性的听主要有两个层面的含义，一是指在听的活动中有明显的语言分析，二是指把听的材料分析为各个语言层次，让学生分步听，进行听力基本功训练。简言之，分析性

的听注重细节内容的理解，可以是词、词组、句子、句组，可以一个单位反复地听，听时做动作、表演、填图，或完成听的内容所要求的其他任务等。因此，需要学生在听时逐字逐句地分析细听，对题中细节（例如题中要求回答的事件发生时间、地点、年份、数字等）要特别注意并做简单记录。

综合性的听是指对听力材料进行粗线条的整体理解，这种原则可以解决听力题中对材料主旨的理解、对整体思想的分析等方面的问题。因此，综合性听时，学生应以语篇为单位，注重整体内容的把握。由于综合性听的难度大，为了使学生保持和提高听的兴趣，可以先听难度低于所学课的材料，学生习惯后再逐步提高难度。分析性的听也意味着细节性的听，而综合性的听则意味着深层含义的听，分析性的听是综合性的听的基础。在听力训练中，由于听力题既涉及材料的通篇理解，又不能忽视细节问题，因此听力教学要将两者有机结合，要求学生把综合性听与分析性听结合起来，以培养学生听的能力。

（六）理解和反应相结合原则

英语是一种交际工具，需要交际双方的互动，也就是说，听者需要理解说者的意思并对其话语做出反应，听、说双方的相互理解与反应，促成交际活动的继续。只有听懂了，才能做出正确的反应。教师在听力教学中，可以通过观察学生对所听材料的反应来判断学生理解得正确与否。检查学生反应情况的形式是多种多样的，有口头的，如对问题的简单回答；也有书面的，如选择题。多样化检查反应的方法对学生的反应技能提出了多样化的要求。例如，在回答口头问题时，不仅要听懂所提的问题，还涉及学生说的能力。而回答选择题可以检测、锻炼学生的理解力、判断力。由此可见，听懂和反应的有效结合，不仅可以测试学生的理解和反应能力，还可以锻炼学生的理解和反应能力等。

（七）符合交际需要原则

英语教学的最终目的是交际，听力训练也不例外。听力学习的最终目的是听懂地道的英语。而在国内学习外语不可能终日沉浸在一个全英语的环境中，因此教师在平时的教学中应坚持用英语授课，尽量使用正常的语速，力求发音准确无误。只有这样，学生才能学到地道的发音，从而为听力能力的提高打下良好基础。

此外，听录音也是培养听的能力的有效方法，因而教师要充分利用各种电教设备，让学生多听地道的英语，在选择上要尝试不同年龄、不同性别、不同身份的人在不同场合的对话。在课前或课间偶尔也可以让学生听一些地道的英文歌曲，从而提高学生学习英语的兴趣。

三、英语听力的教学方法

在现阶段的大学英语听力教学过程中，应该包括听力知识、听力技能、听力理解和逻辑推理四个方面的内容。

（一）听力知识

听力基础知识是学生英语听力技能培养与提高的基础，主要包括语音知识、语用知识、策略知识、文化知识等。

语音教学是听力教学的重要内容。在实际的交际过程中，同一个句子会在发音、重读、语调等的变化中产生不同的语用含义，表现出交际者不同的交际意图与情感。在听力教学过程中，使学生掌握英语的发音、重读、连读、意群和语调等语音知识，对学生语音的识别能力和反应能力的提高有积极的促进作用。同时在教学过程中，教师还应对学生进行听音、意群、重读等方面的训练，训练内容既要包括词、句，也要包括段落、文章，使学生熟悉英语的表达习惯、节奏，适应英语语流，从而为学生提高听力理解打下坚实的基础。这种训练还能在无形中培养学生的英语思维能力，促进其二语习得能力的提高。

听力知识还包括语用知识、策略知识、文化知识，这些知识的科学教学也是提高学习者英语听力能力的重要手段。其中语用知识的学习能够帮助学生理解话语内涵，增加其对话语的理解程度；策略知识的学习能够帮助学生依据不同的听力材料和听力任务进行策略选择，从而提高听力的针对性；文化知识的学习对于学生日后英语的跨文化交际有着积极的促进作用，有利于不同文化背景下交际的顺利进行。

（二）听力技能

英语听力技能的教学能够有效提高学生英语听力的科学性与针对性。对于技能和技巧的合理运用，能够为跨文化交际水平的提高打下基础。

1. 基本听力技能

听力技能主要包括以下六项内容。

①辨音能力。听力中的辨音能力教学指的是使学生了解音位的辨别、语调的辨别、重弱的辨别、意群的辨别、音质的辨别等。这种辨音能力的训练不仅能提高英语听力进行的有效度，同时对学生理解能力的提高也大有裨益。

②交际信息辨别能力。交际信息辨别能力主要包括辨别新信息指示语、例证指示语、话题终止指示语、语轮转换指示语等。交际信息的辨别能够提升听力的有效性和针对性，

促进学生对话语的理解效率。

③大意理解能力。大意理解能力主要包括理解谈话或独白的主题和意图等。大意理解能力的提高为学生在整体上把握话语内容做好了铺垫。

④细节理解能力。细节理解能力是指获取听力内容中具体信息的能力。在英语学习和考试过程中，对细节的理解能力能够帮助学生提升做题的准确度。

⑤选择注意力。选择注意力是指根据听力的目的和重点选择听力中的信息焦点。针对不同的听力材料进行注意力的选择训练十分重要，这种练习有助于学生把握话题的中心。

⑥记笔记。记笔记技能是指根据听力要求选择适当的笔记记录方式。掌握良好的记笔记技能可以提高英语听力记忆的效果。

教师应该了解，听力水平的提高并不是一朝一夕便可以完成的，需要教师循序渐进地进行针对性教学工作。同时，不同的学生有着不同的学习习惯和学习特点，教师需要因材施教，进行特色教学。

2. 听力技巧

听力技巧主要包括猜词义、听关键词、过渡连接词、预测、推断等。掌握正确的听力技巧，可以事半功倍并有效提高听力理解的能力。例如，在与他人交际时或听语音材料时，学生可以根据上下文或者借助说话者的表情、手势等猜测出生词的含义，从而促使交际顺利进行，或顺利理解语音材料。因此，训练听力技巧的各种听力活动也是听力教学的必要内容。

(三) 听力理解

英语听力知识的学习与听力技能的教授是为英语听力理解服务的。语言由于使用目的、交际者等因素的作用会带有不同的语用含义，因此对话语的正确理解成为英语听力教学中的重点和难点。教师在听力理解的教学过程中，应该使学生懂得如何从对字面意义的理解上升到对隐含意义的把握，继而提高英语的综合语用能力。具体来说，英语听力理解主要包含以下四个阶段。

1. 辨认

辨认主要包括语音辨认、信息辨认、符号辨认等方面。尽管辨认处于第一个阶段，属于第一层次，但却是后面几个阶段开展的重要基础。一旦学生无法辨认听到的内容，那么理解也就无从谈起了。

辨认有不同的等级，最初级的辨认是语音辨认，最高级的辨认则是说话者意图的辨认。教师可以通过正确与错误的识别、匹配、勾画等具体方法来训练和测试学生的辨别能力，如根据听到的内容对听力材料的句子进行分类。

2. 分析

分析要求学生能将听到的内容转化到图、表中去。这个阶段要求学生可以在语流中辨别出短语或句型，以此对日常生活中的谈话内容有大致的理解。

3. 重组

重组要求学生用自己的语言将听到的内容以口头或书面的方式表达出来。

4. 评价与应用

评价与应用是听力理解的最后两个阶段，要求学生在前面三个阶段即获得、理解、转述信息的基础上，能够运用自己的语言对所获得的信息进行评价和应用。在实际教学中，可以通过讨论、辩论、问题解决等活动进行。

以上这几个阶段是一个循序渐进的过程。任何级别的听力学习都必须经历由辨认到分析再到应用的一系列过程，然后才能逐步得到提高。

（四）逻辑推理

除听力知识、技能和理解以外，语法和逻辑推理知识也是正确判断和理解语言材料的必要条件。因此，现代英语听力教学必须重视对学生语法知识的巩固和逻辑推理的训练。例如，以下四句话都是关于 Marshall 的，学生可以利用自己的语法知识和一定的逻辑推理能力对 Marshall 的职业进行推断。

①Marshall was in the bus on his way to school.

②He was worried about controlling the math class.

③The teacher should not have asked him to do it.

④It was not a proper part of the janitor's job.

听到①句时，学生可能认为 Marshall 是个学生；而从②句判断，Marshall 应该是教师；但是③句又推翻了这一判断；直到看到④句，学生才知道 Marshall 原来是学校的勤杂工。在推断 Marshall 职业的这个过程中，没有一定的语法基础和逻辑推理能力是无法顺利得出正确结论的。

语感在语言教学过程中发挥着重要的作用，同时也是影响听力效果的关键因素。在英语听力教学过程中，教师应该有意识地培养学生的语感，提高其英语思维能力。

第二节 多元视角下大学英语口语教学

一、大学英语口语教学的意义

（一）口语能够帮助学生丰富词汇量

孤立的单词不容易记，而语句、文章是有情节的，将单词放入句子中使它们更容易记住。学生经常说英语口语，会接触到越来越多的新单词和句型。这有利于学生灵活使用常用词和短语。实践表明，英语表达能力强的学生擅长英语口语，并通过口语积累词汇。

（二）口语能够提高学生的口语表达能力

学英语只有开始时就注意语音、语调，大胆效仿，及时纠正口型和舌位，才能讲出标准的英语，对于学生的英语口语表达能力的培养，口语训练就更为重要了。其作用有二：其一，如前所述，口语训练有助于学生冲破心理障碍。学生敢于大声阅读英语课文，就敢于开口说英语。经过学习和练习，学生将不再是会英语的"哑巴"。其二，反复大声地阅读口语英语课文，特别是长期坚持以后，能够使学生形成一定的语感，并初步养成用英语思维的习惯。

（三）口语能够促进学生听力和思维能力的发展

教师范读或播放课文录音，可以使学生保持高度的注意力，唤醒他们的感知和想象力。这些具体的图像不仅可以帮助学生提高对词汇和语言结构的记忆，还可以提高他们的语感。学生的口语示范语可在新课开始时或熟悉生词后使用。

（四）口语训练有助于培养学生的语感

要学习语言就必须培养语感，语感在良好的语言学习中起着重要的作用。语感强调通过对语言和词语的直观感受，最终达到对语言和词语的快速理解，是构成学习英语程度好坏的核心因素。语感是通过后天训练产生的，在语言实践中，听觉、视觉等各种感官通过与语言材料的接触不断积累语言知识，体验语言的语音、语义、语调及语气，逐渐发展出一种语感。

二、大学英语口语教学的原则

为了更好地完成口语教学目标，口语教学必须遵循一定的原则，以达到最佳的教学效果。从具体的实践来看，在教学过程中应遵循以下原则。

（一）注重策略传授原则

教师应该向学生传授口语的策略，从而帮助他们扩大自己的知识面，增强学习和运用英语的信心。例如，教学生使用最小反应用语。最小反应用语是在谈话过程中当别人讲话时使用的表示理解、赞成、疑问及其他反应的习惯性表达，如"That's fine.""Really？""Right？"等。学会使用这些固定的表达可以使学生把注意力集中到谈话的内容上，而不用专门拿出时间计划自己的反应。让学生掌握这类最小反应用语可以帮助英语水平不高或者对自己的口语能力缺乏自信的学生在听别人讲话时有话可说，而不是一味沉默，这样可以激发他们参与交际的积极性。既让学生避免了交谈时的尴尬，也让学生尝到一点成功的喜悦，对提高学生的学习兴趣和积极性都很有帮助。

（二）循序渐进原则

英语口语教学中的循序渐进原则，就是指在口语训练时要由浅入深、由易到难、由机械模仿到自由运用，循序渐进地展开。因为学习任何事物都不可能一蹴而就，都要有一个过程。例如，在口语教学中，有的学生发音不标准，教师要注意不同地区的语音特点和学生发音的实际困难，对其加以引导，要鼓励学生大胆开口，对语音、语调和语法的正确性有一定的要求，但切忌一步登天，要逐步提高。另外，需要注意的是，开始设定目标时不能太低也不能太高，太低会让学生失去兴趣，觉得没有挑战性；太高又会使学生在开口时产生畏难情绪，因此一定要掌握好度，循序渐进地开展口语训练。

（三）多样化原则

在实际的教学过程中，多样化原则应该体现在以下两个方面。

①教师要运用多样化的教学手段。口语课应该是轻松愉快的，教师根据学校的实际情况，尽可能地充分利用现有的教学设备，如录音机、多媒体，让学生通过图片、音频以及视频等，提高自己的口语水平。

②教师运用多样化的教学方法。教师可以根据每堂课不同的教学目标，运用不同的教学方法，设计不同的活动训练学生的口语，如唱英语歌曲、情景对话、故事接龙、看图说话等。

教师在学生能够开口说的基础上，要继续提高要求，着重训练其说话的流利性，并在语言的规范性、语音语调的正确性上有更高的要求，为以后的实战打下良好的基础。

(四）内外兼顾原则

历来我们的教学活动更注重课堂的教学，而对课外活动不够重视。殊不知，课外活动是课堂教学的继续和延伸，与课堂教学息息相关。因此，教师不仅要注重课堂教学，还应该注重课外活动，为学生提供条件，指导学生在不同场合运用所学语言材料进行正确、恰当、流利的口语操练，如组织英语角、英语演讲比赛、英文唱歌比赛等，让学生通过这些课外活动复习、巩固与提高所学的知识，培养学生说口语的兴趣，巩固和提高学生的口语能力。

（五）贴近学生生活原则

在给学生布置口语任务时，任务一定要贴近学生的学习和生活。只有这样，才能增强学生开口的动机。要做到这一点，教师需要做好以下三个方面的工作。

①充分考虑学生交际的愿望和目的。

②设计有趣的主题或话题。

③把学生感兴趣的话题渗透到口语教学内容中。

（六）兼顾准确性和流利性原则

教育界关于学生口语是准确性重要还是流利性重要的争论已经存在很长时间了。而教师在开展口语教学和训练的过程中，既要开展以训练学生语言准确性为中心的活动，也要开展有利于培养学生语言流利性的活动。在技能的获得阶段，要优先考虑语言的准确性。对于高级水平的学习者来说，应该要求他们能够以正常的速度自然地讲英语，同时要保证语言的准确性。作为一个真正的口语熟练者，既要求能够讲得自然、有创造性，也要求能够说得流利和准确。这是一个长期的过程，教师和学生都不能急于求成，要认真对待过程中取得的进步。

（七）科学纠错原则

纠错是一个很敏感的话题，处理是否得当直接影响着教学的效果和学生的学习积极性。我们既不提倡有错必纠，也不提倡采取宽容的态度，而是主张采用科学的纠错方法，以确保学生口语水平的有效提高。

在口语练习中，学生会不可避免地出现各种各样的错误，有的教师会匆忙打断学生的思维和交流去给他们纠错，这种方法并不可取，因其不仅会打乱学生的思路，还会打击学生的信心，使其产生恐惧心理，进而因害怕出错而丧失说的勇气。一般是在学生谈话之后，教师给予及时的纠正，然而即便是这样，也要讲究策略，对不同学生犯的不同错误进行区别对待，根据不同场合及不同性质的错误分别进行处理。在操练语言的场合，可多纠错，但在运用语言交际时，则要少纠错；对学得较好、自信心较强的学生当众纠错会对其产生激励作用，然而对于学习困难较大、自信心较弱的学生，要尽量避免当众纠错，防止加重其自卑感。因此，在口语教学中，纠错的最佳方法是先表扬后纠正，并注意保护学生的自信心及给他们自我纠正的机会。

三、英语口语教学内容

大学英语口语教学的内容主要包括语音训练、词汇、语法、会话技巧、文化知识等。

（一）语音训练

语音是学习英语口语的基础。语音训练的目标就是掌握正确的语音和语调，包括重读、弱读、连读、音节、意群、停顿等。错误的发音或不同的语调会造成对方理解困难，甚至产生误解。

例如：

A：This movie is meaningless.

B1：It \ is.（非常肯定）

B2：It ╱ is.（可以是漫不经心的附和，也可以是表示不耐烦）

B3：It \ ╱is?（稍带责备口吻，意思是"你怎么会这样认为"）

根据上述例子可知，语调不同，句子表达的意义也不同。

（二）词汇

词汇是英语学习的基础，无论是英语听力、阅读、口语还是写作，都离不开词汇。没有足够的词汇量就没有足够的输出语料，因此就不能进行信息的交流和沟通。词汇是信息的载体，如果没有足够量的词汇，就不能在脑中形成既定的预制词块，这必然会影响英语的输出效率。有效的词汇输入是词汇输出的条件，口语交际功能的实现离不开充足的词汇量作支撑。在口语教学中应该加强学生词汇量的积累。

（三）语法

语法是单词构成句子的基本法则，要想实现沟通的目的，必须构建出符合语法规则的句子。只有句子符合语法规则，才可以被听者理解。词汇是句子含义的载体，语法是句子结构的基础，二者必须有机结合才能实现口语表达的实用性和高效性。

（四）会话技巧

口语教学的最终目的就是交际，学习并运用一些会话技巧可以使交际顺利进行。下面就来介绍几种常用的会话技巧。

1. 表达观点

例如：

It seems to me that…

I'd like to point out that…

To be quite frank/perfectly honest, …

2. 获取信息

例如：

Could you tell me…?

I'd like to know…

Got any idea why…?

I wonder whether you could tell me…

3. 承接话题

例如：

To talk to…, I think…

On the subject of/Talking of…

That reminds me of…

4. 转换话题

例如：

Could we move on to the next item?

I think we ought to move on to the problem of…

Just to change the subject for a moment, …

5. 征求意见

例如：

What is your opinion/view?

How do you see…?

Have you got any comments on…?

6. 拒绝答复

例如：

It is difficult to say.

It all depends.

I'd rather not say anything about that.

（五）文化知识

在口语交际中，文化知识也十分重要。交际的得体性决定了学生必须掌握一定的文化知识，包括普通的文化规则和不同文化之间的交际规则。这就是说，学生除了要具有扎实的语言基础知识外，还要具备一定的文化知识。

四、大学英语口语教学的方法

（一）一般模式

一般模式通常包括背景铺垫—布置任务—执行任务—检查结果四个阶段。下面将具体阐述各个阶段的任务和意义。

①背景铺垫阶段也是引导阶段，是学生听的过程。本阶段的目的是为学生将要执行的任务创造情境、提供背景信息。这一阶段可以采取不同的形式，可以让学生阅读资料，也可以让学生观看实物与画面等。资料的选择没有统一的要求，可以是教师朗读文章或讲述故事，也可以是听录音资料或看影像资料。

②布置任务阶段。此阶段主要包括教师给学生布置任务，为学生的"说"确立目标、制定方案、组织活动。

③执行任务，即学生说的阶段。此阶段是整个口语教学的重点。在学生说的过程中，教师不要过多干预，尽可能地保持沉默，把时间全部交给学生。这一阶段重要的是过程，而不是结果。教师不要过度关注学生说对了几句话，而要鼓励学生多说。

④教师检查任务的完成情况，主要是对学生的口语活动进行及时的总结，指出活动的不足，提出必要的建议等。

（二）展示法

展示法的操作和实施必须注意两个问题：展示的方式和展示的原则。

1. 展示的方式

按照不同的划分方式，就会有不同的展示方式。

①按照对材料的使用，展示可分为演绎展示和归纳展示。

②按照展示主体的不同，展示可分为教师展示和学生展示。

③按照展示所用材料的不同，展示可分为多媒体辅助展示和无辅助展示。

2. 展示的原则

无论采用何种展示方式，要想保证展示的效果，就要遵循以下三个原则。

（1）简易原则

简易原则是指展示的内容应简单明了，不要将原本简单的事物复杂化，增加学生理解和掌握的难度。在多媒体技术高度发达的时代，使用多媒体技术已成为教师教学的主要手段，然而展示的过程中应注意，不要为了使用多媒体而使用多媒体。

（2）经济原则

经济原则是指教师的展示应尽可能以最少的时间、最少的精力、最低的财力投入来取得最佳的展示效果。例如，教师在向学生展示材料时，如果没有配套的视频材料，若打算自己制作 flash 等动态影像或者请人制作，则会耗费大量的时间、精力、财力，这样就不符合经济原则。

（3）效果原则

效果原则是指展示方式的选择应以能够保证达到最佳展示效果为标准。若多媒体设备展示的效果优于无辅助展示，且学校又具有配套设备，则教师最好使用多媒体展示，以提升展示的效果，这就是从效果原则出发。

（三）3P 教学法

3P 教学法，即 Presentation（介绍）、Practice（练习）、Production（运用）。概括来讲，3P 口语教学法是由教师先介绍某个新知识点或技能，其次让学生就这些知识点及技能进行练习，以便熟练掌握所学习的知识点或技能，最后运用所学的知识点或技能进行口语表达。3P 模式重点放在某一种语言形式上，每一阶段都有清晰的教学目标。

1. 介绍阶段

本阶段主要通过举例、解释、示范、角色扮演及图片、影片等方式，介绍语法、结构、功能、交际技巧等内容，达到两个目的，即确立形式、意义和功能；导入话题、激活背景知识为训练做准备。

2. 练习阶段

在此阶段，教师通过对话、找伙伴、看图说话、图画排序等控制性和半控制性活动，给学生提供大量的练习机会，鼓励学生尽可能运用新知识进行反复操练，以不断提高语言运用的准确性。

3. 运用阶段

在这一阶段，主要开展交际性、创造性活动。教师为学生提供机会，让学生将新学到的知识融入已有的知识之中进行综合使用，以使学生自由地运用语言进行交际。这一阶段的实施，可以有效地增强学生的成就感，激发学生对口语的浓厚兴趣。

（四）灵活练习法

1. 机械练习

机械练习是一种最简单的说的练习，是不用学生多加思考就能进行的练习。其作用是促使学生记忆所学的句子，包括句子的语音、语调和句式。

（1）仿说

仿说的目的是促使学生掌握地道的发音，使学生语调流利自然，帮助学生学说话。当学生遇到困难时，教师要根据学生的情况，提供问题的解决方法和解决要点。其主要练习方式包括以下几种。

①听录音，看示意图画，跟从录音仿说。

②听录音，跟着教师演示，跟从录音仿说。

③听教师示范说，看着并指着示意图，跟从教师仿说。

④听教师示范说，跟着教师演示，跟从教师仿说。

⑤听教师示范说，指着或举起相应的图画，跟从教师仿说。

⑥听录音，然后独立演示动作，并跟从录音仿说。

⑦听教师示范说，然后独立演示动作，并跟从教师仿说。

⑧听录音，并跟从仿说。

⑨听三遍录音：第一遍静听，第二遍跟从录音小声说，第三避重听一次录音，以检查自己的发音。

⑩听教师示范说，并跟从仿说。

（2）检查说的效果

检查学生说的效果主要包括以下两种形式。

①看着示意图能够独立说出相应的句子。

②看教师演示动作，然后独立说出相应的句子。

2. 复用练习

复用练习是一种围绕课文、教师讲授过的材料或情景所进行的练习。它是一种非常有意义的练习。学生需要开动脑筋才能在课文中或学过的材料里找到答案，有时候还需要学生对课文中的词句做适当的变动。

3. 活用练习

活用练习是更进一步的练习，是更高层次的练习，同复用练习一样，活用练习不能照搬课文中的句子，需要学生开动脑筋，认真思考，重新组织新的语言。但也与复用练习有所不同，相较而言，活用练习给学生的自由更多，空间更大，学生可以独立进行思考。活用练习的目的就是让学生根据课文的内容和语言来描述自己的生活，表达自己的情感和思想。常见的活用练习形式有以下两种。

①利用课文中的语言来描述自己的生活。这种练习方式是让学生先了解课文，掌握课文中的词和句子，然后根据课文中的词或句子来描述自己的生活，例如，学过了关于学习课程的课文后，可以让学生叙述自己不同课程学习的情况；学过了关于新闻报道的课文后，可以让学生采用新闻报道的形式来描述学习和生活中发生的一些事情。学生描述时可使用课文中的句子，但叙事的情景要真实。

②提出发挥性问题，据此由学生发表自己的见解。这种练习方式指的是教师根据课文中的人物或故事情节提出发挥性或议论性问题，然后要求学生据此述说自己的见解或看法。需要学生表达的看法在课文中并没有现成的答案，需要学生自己思考然后作答。

第三节　多元视角下的英语阅读教学

一、英语阅读教学的意义

英语阅读既是我国英语学习者的学习目的，又是其学习手段。因此，进行英语阅读教学具有多方面的重要性。

（一）阅读是培养语感的最好方法

大量研究表明，好的英语是读出来的，好的语感更离不开大量的阅读。周健提出语感的获得方式有两种，其中之一就是"自然语言实践"，即通过大量的言语接触，使言语本身的规则在主体大脑中积淀到相对完整和巩固的程度，从而形成一种言语结构。儿童的母语语感就是通过这种方式获得的。中国人常说"书读百遍，其义自见"，提倡的就是这种自然习得。这种输入和接触就是大量的阅读。

如今，许多英语学习者发现用英语阅读是一项艰苦的工作。事实上，用英语阅读应该是快乐的。选修阅读是享受阅读的必要条件，即阅读精选的材料（或书籍）。在选材上要遵循简单的原则，坚持从最简单开始，从简单中学习。建议学生从简单的阅读材料入手，选择生动有趣、引人入胜、启发性强的阅读材料，而不是一开始就用英文原著阅读难读、死板的阅读。简单的事情可以学到并付诸实践，从而增强学习的兴趣，即阅读兴趣的开始。

（二）阅读可以提高技能及兴趣

英语学习者通过阅读培养英语阅读能力，并在阅读能力的基础上发展其他技能，如听、写、说、译。随着阅读能力的不断提高和语言知识的不断增加，英语阅读量会不断增加。一些学生的注意力会转移到阅读材料的内容上。对主题和内容感兴趣，英语学习者在英语阅读中感受到英语学习的进步和成就，进而进一步激发他们学习英语的兴趣。通过英语泛读，英语学习者获得了知识，增长了见识，开阔了视野，进一步促进了英语学习动机的提高。

（三）阅读有利于全面发展

英语阅读不仅可以增加学生对英语的知识和兴趣，还可以提高学生的抽象概括、归纳和综合、逻辑思维、理解和记忆能力。阅读一方面是从文字到思想，另一方面是从思想到文字。对文章的理解离不开读者已有的先验知识，也离不开读者根据上下文进行的推测。

（四）阅读是获取信息的主要渠道

对于大学生来说，学习外语的目的，除了满足与国外同行直接用外语沟通的需要之外，主要是利用外语获取专业信息，服务于自己所从事的工作。获取信息可以通过"听"，但主要的渠道还是"读"，无论信息的载体是互联网还是电子书或者纸质书籍。

二、大学英语阅读教学的原则

（一）激发兴趣原则

无论是何种学习，抓住学生的学习兴趣才能得到最好的效果。因为兴趣是最好的教师，它可以激发一个人对事物的热情，可以调动一个人的积极性。学生对阅读是否有浓厚的兴趣是教学成败的关键，因为学生对阅读产生了兴趣，便会积极主动地投入阅读的学习中。所以，教师要注意教学内容的适当变换和教学形式以及手段的多样化，尽量避免教学活动的枯燥乏味，使阅读教学经常保持新鲜感，使学生学会阅读，乐于阅读，变被动阅读为主动阅读。

(二) 因材施教原则

每个学生都有属于自己的个性，学生与学生之间又存在差异，学生的个体差异直接影响学生的阅读进程。因此，教师应注意满足不同水平学生的特殊需要，力争使每个学生都能相应地发展阅读技能。对于一些阅读成绩不佳甚至自暴自弃的学生，教师可以先给他们简单的阅读材料，并逐步增加难度，让他们看到自己的点滴进步，还要经常表扬、鼓励他们，帮助他们重新建立起学习的信心。而对于一些基础好的学生，课堂上的阅读常常满足不了他们阅读欲望，教师应向他们布置一些富有挑战性的阅读任务，以满足其阅读欲望，如介绍和推荐一些通俗的世界名著等读物。

总之，教师要认真分析学生情况，结合每个学生的特点，在教学中有意识地对不同的学生提出不同的要求，采取不同的方法，真正做到因人而异、因材施教。

(三) 速度调节原则

阅读速度和理解能力因人而异。既有阅读速度快、理解能力强的学生，也有阅读速度慢、理解能力差的学生。换句话说，阅读速度的快慢不一定等于理解能力的好坏。

在训练阶段，教师应加强一般阅读技能和语言基础知识的训练，适当控制学生的阅读速度。教师应根据教学的进程设置不同的阅读速度，在最初进行阅读教学时，可以适当放缓阅读速度，侧重对材料进行有效的理解。

在学生词汇量变多，语义、句法知识增加，语感增强和阅读技能提高以后，阅读速度自然会随之加快。这个阶段教师就可以进行相应的限时训练，加强训练的强度，进而完成阅读教学的目标。

速度调节原则的出发点就是要求教师在阅读教学过程中做到张弛有度，根据不同阶段的教学目标做相应的调整。教师切忌一味地追求提高速度，而忽略了学生的理解程度。

(四) 层层设问原则

层层设问原则，顾名思义就是教师在阅读教学中提出的问题应该具有层次性，一环扣一环，按照一定的梯度，逐步揭示文章的主题。例如，教师在讲解 Thomas Edison 这篇课文时，可以提出如下问题：

Who was Thomas Edison?

When Thomas Edison was five years old, he sat on some eggs one day, didn't he? Why?

Why did Edison's teacher send him away from school?

How do you think about Thomas Edison? Why?

What can we learn from the text?

通过对上面五个问题的观察我们发现，这五个问题由浅入深、层次分明，学生在回答问题的过程中逐步建立自信、开动脑筋、积极思考、解决问题，并在不知不觉中提高了自己的分析理解能力。

（五）循序渐进原则

学生阅读水平的提高也不是一朝一夕的事情，阅读教学目标的完成也不可能一蹴而就，它是一个循序渐进的过程，需要一个合理的总体设计和长远规划。

在材料选择、任务确定、阅读方法以及阅读教学的反馈等诸方面，教师都要提前做出全面、细致的考虑，并鼓励学生寻找适合自己的阅读方法，积极引导学生采用适合自己的阅读方法，扎扎实实地学习，最终完成阅读任务，提高阅读水平。

（六）真实性原则

概括来讲，阅读教学的真实性包括以下两个方面的含义。

1. 阅读材料的真实性

选择真实材料，即选取由本族语者编写的材料。同时，阅读材料的选择要考虑学生在日常生活中的交际需要，从现实生活中选择文体多样、适合学生的语言水平、为学生所喜闻乐见的阅读材料。

2. 阅读目的的真实性

阅读活动都具有一定的目的，但不论是出于何种目的，都要以真实性为基础。人们阅读可能是为了获取信息或者验证自己已有的知识，可能是为了批评作者的思想或者写作的风格，也可能单纯地为了消遣或者打发时间。阅读目的的不同也就需要不同的阅读方法。例如，题目中涉及文中人物的钱能否支付一部手机，那么在阅读中我们就要关注有关价格的信息。

三、大学英语阅读教学的内容

英语阅读教学通常包含以下十二个方面的内容。

①辨认单词。

②猜测陌生词语。

③理解句子之间的关系。

④理解句子及言语的交际意义。

⑤辨认语篇指示词语。

⑥通过衔接词理解文字各部分之间的意义关系。

⑦从文章细节中理解主题。

⑧将信息图表化。

⑨确定文章语篇的主要观点或主要信息。

⑩总结文章的主要信息。

⑪培养基本的推理技巧。

⑫培养跳读技巧。

四、大学英语阅读教学的方法

本部分将阅读教学拆解为三个阶段（阅读前、阅读中和阅读后）来具体介绍它们的教学方法。

（一）阅读前的方法

阅读前的活动主要包括引出主题、提出问题、交代任务等，其目的在于使学生在尽可能短的时间内了解文章的相关信息，激活学生的背景知识，充分调动学生的阅读兴趣，使学生尽快进入文章角色，为进一步的阅读奠定基础。以下是三种阅读前的具体活动。

1. 激活背景知识

在阅读教学中，使学生了解与文章有关的社会文化背景知识很重要，这不仅可以激发学生阅读文章的兴趣，还可以发散学生的思维。阅读中有效运用背景知识有助于学生对文章的理解，弥补语言知识上的不足，更有助于学生了解英汉两种语言的差异，熟悉英汉语言的表达方式，所有这些背景知识都能帮助学生加深对英语材料的理解。

2. 清除词汇障碍

对于学生而言，词汇量不足可以说是造成其阅读困难最重要的因素。因此，教师在阅读训练前有必要采用各种形式（如对话、故事、图片等）对学生进行词汇灌输，清除学生的词汇障碍，从而更好地帮助学生进行阅读。

此外，教师还可以在课前指导学生进行预习，并布置一些适当的预习题，这样不仅可以使学生明确预习的目标，做到有的放矢，还可以培养学生学习的积极性，同时能为课堂教学的顺利进行做好准备，加快课堂的进度，变相增加课堂容量。

3. 预测情节

阅读情节的预测对于阅读的顺利完成十分有利。因此，教师可以在课前让学生根据题目或一些关键词，大胆地想象，预测故事的情节，从而激发学生的好奇心，引发学生阅读的积极性。让学生带着对文章情节的预测，通过阅读来验证自己的猜测，这样的活动不仅利于巩固学生已有的知识，还利于学生逻辑推理能力的培养，而且能够很好地帮助学生准确把握文章的主旨。

（二）阅读中的方法

1. 略读

略读是一种选择性阅读，用尽可能快的速度大致地粗读全文，可以获取文章主题大意的快速阅读方法。阅读时只需选读首尾段、每段的首尾句、段落的主题句，抓住阐述主题的主要事实或文章的中心思想即可。在采用这种方法进行阅读时，学生可有意识地略过一些词语、句子，甚至段落，对于一些细节或例子则不需要关注。

略读需要一定的技巧，如许多文章的第一段都是对全文主要内容的概述，而最后一段多是结论；段落的首句往往是主题句，而末句常常是结论句。掌握这些技巧有利于掌握文章的结构和主旨，更快地找到自己需要的信息。

2. 扫读

扫读是从上至下迅速搜索所需内容，而不需要仔细阅读整篇文章。这种寻找文章中特定信息或特定词组的方法，能有效提高阅读的速度和效率。在扫读的过程中，学生可以忽略那些与题目无关的信息，积极寻找那些与题目要求相关的信息。

3. 寻找主题句

理解文章的关键是确定文章的主题思想，而要想确定主题思想，首先要确定主题句。主题句往往是文章大意的概括，句子结构较为简单。主题句的位置非常灵活，既可以位于段落的开头、结尾，也可以同时位于段落的开头和结尾，还能位于段落中间，甚至隐含在段落之间。例如：

A port is a place where ships stay when they are not sailing. Ships usually load or unload at a port. So a spaceport is a place where spaceships stay when they are not flying. It has special buildings where the spaceships are kept. It also has supplies needed for space travel.

可以看出，段落的首句（港口是船不航行时停留的地方）并非主题句，而是为主题句的出现做准备的，它引出了主题句"So a spaceport is a place where spaceships stay when they are not flying."（宇航港是宇宙飞船不飞行时停留的地方）接着又进一步阐述了这一主题。

4. 信息转换

阅读教学中常采用信息转换的方式来辅助教学，从而加深印象。常见的转化方式有表格、图画、加小标题、流程图、条形统计图、地图、树形图等。采用这种方式可将文中的形式信息转化为可见信息，对文章的理解十分有利。

5. 推理判断

有时候阅读所需信息并不能直接从文章的字面意思上得出，此时就需要推理判断。推理判断要求学生以理解全文为基础，从文章提供的各个信息出发，对文章逐层进行分析，最后准确推断出文章的中心思想。

推理判断又可分为直接推理判断和间接推理判断。直接推理判断是学生在理解原文表层意思的同时，依据所提供的信息合理地推断文章的结论。而间接推理判断则较为复杂、含蓄。这种推理方式通常要求学生挖掘文章的深层内涵去推测和揣摩作者的态度以及文章的主题等。

（三）阅读后的方法

阅读后的阶段也是阅读教学中一个很重要的环节。它是对所学知识的巩固和运用阶段，旨在练习、巩固和拓展学生在阅读过程中所学的语言知识，为培养和提高说和写的能力打下基础。在这一阶段的教学中，教师应设计一些与课文内容相关的活动，充分发挥学生的主观能动性。常见的活动包括以下四种。

1. 复述

复述是一种具有挑战性的口语练习。复述的前提是学生对阅读材料已经有了一个大致的了解，并消除了生词障碍。在这一过程中，教师可以让学生根据图片和关键词来复述阅读材料的大致内容。

2. 转述

转述主要是针对对话性质的语篇。教师可以引导学生使用第三人称将对话性的语篇转述为描述性的语篇，引导学生注意时态和人称要随之产生相应的变化。

3. 填空

教师给学生提供文章概要，但要将一些关键信息留出空白让学生填写，并鼓励学生在填写时尽量不要使用原文的词或短语，尽可能地替换成不同的词和短语。

4. 仿写和续写

根据课文内容，教师可以安排学生写文章摘要或者仿照对话写新的对话。如果课文是叙述性的文章，教师可以安排学生续写文章，以扩大学生的想象力，培养发散思维。

第四节　多元视角下的英语写作教学

一、英语写作教学的意义

写作是人类表达思想和传播知识最重要的手段。无论在母语还是二语的习得过程中，写作对于大多数学生来说都是一个相对的难题。尤其是在中国学生学习英语作为第二语言的时候，用英语写作不仅是一种表达思想的手段，也是综合衡量学生语言能力的重要手段。作为学生语言输出的重要手段，英语作文能更好地反映学生的语言基础、认知水平、思想高度和综合用词能力。因此，写作教学在英语教学中占有重要地位。

二、大学英语写作教学的原则

（一）以学生为主体的原则

在写作教学的过程中遵循以学生为主体的原则，就是要以学生为中心开展教学活动，充分尊重学生的主体性。但需要注意的是，主体参与不等于独立写作，不等于对学生放任自流，而是指学生在写作过程中应该能够全程参与写作提纲的拟订、资料的收集、信息的处理、谋篇布局、初稿的修改与完善等过程。

要使学生成为学习的主体，就要激发学生写作的兴趣，调动学生的积极性，其中小组讨论就是激发学生兴趣、调动学生积极性的一种有效方式。

（二）层进原则

层进原则要求学生应首先从单词、句子的写作抓起，为系统科学的英语写作打下良好基础，并逐步向语篇过渡。词是英语写作的最小单位，并按照一定的规则排列形成句子，人们借助句子相互传递信息、交流思想。当句子按照逻辑相关性的系统排列时，就形成了语篇。

（三）真实性原则

真实性原则要求写作不能脱离学生的实际，要让学生有话想说，并言之有物，言之有理。这就要求写作应具有真实性，学生为了真实的目的，面对真实的读者，采用符合实际需求的方式去写。

目前国内写作教学的实际现状是，教师和学生普遍只拿写作当作一种练习，为写而写，因而缺乏真实性，不能激发学生的写作兴趣。如果能使学生为真正的读者而写，为真正的目的而写，将写作与学生需求联系起来，则可大大激发学生的写作兴趣。例如，留言条、求职信、个人简历等实用性文体的撰写等，这些与现实生活和未来生活、工作有关的写作能激发学生参与的积极性。

（四）文化对比原则

文化对比原则要求教师和学生应深入了解母语和英语的区别，为写作提供帮助。很多中国学生具备相当程度的中文写作能力，但在英语写作中并不具备完善的用英语解码和编码的能力，由此导致中文写作能力自动、机械地迁移到英语写作过程中，产生中式英语。可见，只有在英汉对比下，学生才能掌握英汉语言的文化差异，将写作语言变得更加地道，符合英语思维。

（五）综合性原则

英语的听、说、读、写是不可分割的一个整体，综合性原则就是要求英语写作教学要与听力、口语和阅读相结合。写作可以作为听、说和阅读的后续活动，可以作为对听、说和读材料的应用。尤其是在基础教育阶段，在没有专门的写作课程时，与听、说、阅读相结合是写作教学经常采用的教学方式。一堂生动有效的写作课实际上应是听、说、读、写的综合运用。

（六）多样性原则

多样性原则是指英语教学中的训练形式应多样化。写作教学可以尝试让学生进行缩写、仿写、扩写、改写、情境作文等练习，每种训练方式都有自身的优势，通过多种多样的训练方式可以让学生逐步掌握写作技巧。

多样性原则还指运用多种多样的表达方式。丰富的表达手段不仅可以有效弥补学生在语言知识上的不足，还可以提高学生灵活运用语言的能力。因此，在写作教学的过程中，教师要鼓励学生采用不同的表达方式，以便写出更加出色的文章。

（七）交际性原则

写作是一种有效的交际手段，因此写作教学也应体现交际性原则。交际性原则要求写作教学活动满足学生的即时需求，以提高学生的实际交际能力；写作活动必须给学生交际的机会，并且使学生从写作交际中获得乐趣；在写前活动和修改活动中尽可能采用小组活动和同伴活动，增加学生之间的交流，通过小组讨论等交流活动获得大量素材，从而为文章增添内容，锻炼学生的思维。

三、英语写作教学的内容

英语写作其实是把清晰严密的思维以"论点＋论据"的形式表现出来，是一种对英语综合能力的表现，其包含对语言的逻辑分析、组织、运用表述的各项能力。具体来说，大学英语写作教学的内容如下。

（一）发现论点

主要知识点：主题句的位置与构成，主题句的写作要求。

能力培养要求：让学生了解什么是主题句，怎么写一个合格的主题句。

（二）开头与结尾段落的写作

主要知识点：开头与结尾段落的主要写作手法。

能力培养要求：让学生了解如何写作文的首段与结尾。

（三）写作过程

主要知识点：构思的主要方法，如自由写作、提问、草拟提纲等；修改的步骤。

能力培养要求：让学生明白好的作文开始于好的构思以及修改作文的必要性与具体步骤。

（四）段落一致性

主要知识点：具体细节与恰当细节的应用。

能力培养要求：使学生学会用具体论据支持论点。

（五）段落的连贯与过渡

主要知识点：组织论据的常用方法，如时间顺序、举例、因果、对比、定义、分类等；过渡词以及其他连接手段（如重复、代词、近义词）的应用。

能力培养要求：让学生了解如何组织、连接论据来支持论点。

(六)遣词造句

主要知识点:学习排比、前后一致、用词简洁而具体、变换句型;修改作文的主谓不一致、悬垂修饰语、修饰语错位、破句、粘连句等错误。

能力培养要求:通过对遣词造句技巧的介绍,让学生学会在写作中正确地选词、用词,并能构建形式、结构多样的英语句子。

四、大学英语写作教学的方法

(一)选题构思方法

构思贯穿文章写作的始末,是写作的基础。选题构思常用的手段有自由写作式、五官启发式和思绪成串式等,下面分别进行介绍。

1. 自由写作式

自由写作式构思方式是指在拿到题目以后,在大脑中开始进行思考,任凭思绪扩展,然后将头脑中的各类观点记录下来。记录完毕之后,再返回阅读所记录的内容,并从中挑选有用的信息,将无用的信息删除。通过这种方式,思路不会受到任何限制,最终也就完全打开了。

2. 五官启发式

五官启发式主要是从看到的、听到的、闻到的、尝到的、触摸到的几个方面去思考,搜索与题目相关的一些材料,当然不一定要面面俱到。这种构思方式常常用在描写文中。例如:

视觉:He has a round smiling face. He walks slowly for he enjoys talking while walking. He likes to swing his pen in his hand when he has nothing to do with his hands in class. He often makes faces when he's happy. He does his homework quickly and often helps others and me with math problems. He likes to play ping pong with me.

听觉:He whistles a tune when he is alone. He can talk on and on about computer games. Whenever he understands something, he is always saying, "Oh, I know, I know."

嗅觉:I could smell his feet and sweat in summer. This shows he enjoys sports very much in a way.

触觉:when we play ping pong, I can feel his toughness and strength. And he is quite good at it.

3. 思绪成串式

思绪成串式是指将主题写在纸中间的一个圆圈里，想到与主题相关的关键词就写下来，画个圈。这样，很多与主题相关的想法自然而然地就被引出来，思路在此过程中也逐步打开了。这种方式是开拓思路的一种有效方法。

（二）文章开篇方法

一篇文章通常包括三个部分，即开头、中间和结尾。一篇文章的开头部分是最先被读者看到的，因此开头写得精彩，就会给人留下深刻的印象，在考试中就容易取得高分。文章开篇的方法有许多种，下面将介绍五种常见的方法。

1. 开门见山

开门见山是指在文章的开始就提出看法，突出文章的主题。这种方法又称事实陈述法或现象陈述法。

2. 下定义

下定义是为了帮助读者理解，给出必要的解释说明。在科普文章中，下定义法是必不可少的一种写作手法。

3. 描写导入

描写导入就是通过描写背景逐步导入正文。描写的内容主要有人物描写、物体描写、场景描写等。

4. 以故事引入

以故事引入就是文章开头以故事引入，这种方法能有效地激发读者的阅读兴趣。

5. 提问式导入

提问式导入也是为了吸引读者的注意力，以提问的方式统领全篇。

（三）文章衔接方法

好文章不仅内容完整，结构也要连贯，结构的紧凑连贯是决定文章好坏的一个重要因素。结构上的紧凑连贯要求文章的各个部分应该围绕主题句有机地结合起来，段落结构应该条理清晰，层次分明，衔接自然。结构的连贯性有利于读者跟上文章的思路，了解文章的大意。

运用一些衔接手段，可以使文章更加连贯。这些衔接手段包括以下五种。

①保持名词和代词中人称和数量的一致；保持动词时态的一致。

②使用过渡词语。使用过渡词语能很好地承上启下，把句子有机地连接起来，使文章段落内部环环相扣，从而推动段落中心意思顺利地向前发展。

③使用平行结构。使用平行结构的句子可以使段落大意得到充分的发挥。

④使用代词。使用代词来代替上文提到过的人或事，从而使句子互相照应，互相衔接。

⑤重复关键词语。重复关键词语可以使句子之间紧密衔接，从而使段落一浪高一浪地向前发展。

（四）文章结尾方法

1. 总结式

总结式结尾就是在文章结尾处对全文进行总结，以揭示主题。

2. 建议式

建议式结尾是针对文中讨论的现象或问题，提出解决问题的途径、方法或呼吁人们采取相应的行动。

3. 重申主题式

重申主题式结尾主要是强调文章的中心思想。

4. 展望式

展望式结尾主要表达对将来的展望和期待，有助于增强文章的感染力。

（五）文章修改方法

完成了初稿也只是完成了写作的一部分，并不代表写作的结束。写完初稿后，还要仔细阅读并进行修改，把多余的删除，补上缺少的，改正错的。一般来讲，文章的修改通常从以下三个方面入手。

1. 主题方面

对于主题方面的问题，最重要的就是要看表现的主题是否完整统一，然后看文章内容是否与标题相符，文章是否合乎逻辑，主题句是否清楚，语气是否一致，时态是否恰当，等等。发现相关的问题时，应及时修改。

2. 段落方面

段落方面的检查主要是看段落材料是否充分，段落组织是否合理，段落之间是否连贯，过渡词的使用是否恰当。

3. 语法方面

学生作文中最常见的问题就是语法问题，因而在这一方面要尤为重视。为了避免出现语法方面的问题，学生在完成一篇作文后要通读一遍，在阅读过程中要重点检查有无病句，句子表达是否合乎语法，拼写是否正确，标点符号运用是否正确，等等。

第五节 多元视角下的英语翻译教学

一、英语翻译教学的意义

听、说、读、写、译是大学生应掌握的五项基本技能，但在实际教学中，更注重的是听、说、读、写，常常忽视翻译教学。然而随着社会的发展，英语翻译的意义逐渐显示出来。

（一）翻译是学习外语的一种手段

近年来，教学方法不断改进，大部分人开始注重听和说，而不是传统的翻译教学方法。实践表明，在外语学习的基础阶段，翻译法教学不利于培养学生的外语思维能力。但是，当学生已经具备一定的外语水平时，在教学中应适当加强翻译练习。只有通过英汉对比分析和翻译，学生才能对语言的整体有深刻的理解。列宁曾经说过，学习外语最合理的方法是还原翻译法。即将外语译成本民族语，然后再译为外语。这也说明了通过翻译学习外语是一种切实可行的手段。

（二）培养学生的各种综合能力

翻译是利用一种语言将另一种语言所表达的内容重新表达出来。翻译过程包括对原始语义进行语义和语法分析，然后找出目标语言的相应结构并根据目标语言的语义和语法规则重新排列句子，最后组织文本。如果不懂规则，即使外语流利，翻译时也会有困难。可见，翻译是一种复杂的认知现象，是一种细致入微的思维活动，需要对原文的正确理解和创造性地运用另一种语言来再现。因此，它涉及对语言和文化背景的研究。翻译教学就是在教学过程中通过对上述方面的讨论，通过有益的实践训练来培养学生的综合能力。

（三）翻译成为一种交际手段

尽管中国人学外语的动机各有不同，但绝大多数人是把外语作为一种交际手段，或者说作为一种工具来学的。而要使用这种工具就必然涉及翻译。没有翻译，我们与世界各国在政治、文化、国防、科技以及文艺等领域所进行的交流就是不可能的，与外国的经济技术合作也根本谈不上。翻译是使这些交流得以实现的唯一手段。

二、大学英语翻译教学的原则

（一）以学生为中心原则

对于翻译学习者而言，学习翻译就是通过学习翻译这一过程成为翻译工作者的过程。从这个角度来说，学习者学习翻译是通过从实践中积累经验建构自己的专业知识的过程，教师在其中发挥的是指导与协调的作用。因此，翻译教学必须充分考虑学习者的主观能动性、创造性和互动性，充分协调学习者、翻译教学和市场需求之间的关系，力求培养出学活、用活知识结构，并能顺应、满足社会需求的高素质的翻译人才。这就要求翻译教学不仅要提倡学生在课堂上扮演主角，还要鼓励学生通过实践最终发现探求知识的规律和奥秘。这对教师的教学提出了更高的要求，具体来说，以学生为中心原则需要做到以下四点。

1. 转变教师角色

在翻译教学中，教师要以学生的需要为翻译教学的方向，训练学生建立口笔译需要的知识系统和双语思维能力，授之以"渔"，而不是授之以"鱼"。教师不是学生获取知识的唯一源泉，教师的作用是帮助学生学会学习，学会解决学习过程中遇到的问题。教师是一个协调者，而不是知识的唯一传授者，这也是时代发展对翻译教学提出的要求——培养高质量的有能力的翻译工作者。

2. 培养学生的创造性与发散思维

翻译活动具有一切实践活动具有的创造性，因此对于统一文本，特别是文学文体的语篇，不应要求学生的理解和翻译与教师的或参考译文一模一样。要善于鼓励学生追求自己的风格，不要"千人一面，千人一腔"，从而限制他们的思维。

3. 培养学生的团结协作精神

信息时代的发展和翻译活动的复杂性等因素使得翻译活动有时不能由一个人单独完成，而越来越成为相互合作的事业。因此，培训学生的团结协作精神很重要。在翻译教学中，教师可以选用一些长文章，分成几个部分，让一组学生每人做一部分，但最后出来的完整文本在术语、专有名词、风格体例方面应该看起来是协调一致的。在这个过程中，学生们不能自顾自地进行翻译，必须和组里其他成员协商和讨论，以达到翻译要求。这样做有利于培养学生的团结协作精神、协调能力和共同解决问题的能力。

4. 灵活安排教学活动

（1）有效利用生活环境

随着国际交往的不断深入，在许多大城市和风景名胜区都有外语（主要是英汉）的公示语、景点介绍等。让学生在这些地方去体会英汉语的不同表达，对培养他们的英汉对比能力很有帮助。此外，有不少公示语和景点介绍存在很多问题，教师可以适时地让学生进行纠错练习。

（2）课内外相互配合

翻译是一项实践活动，翻译教学的任何阶段都不可忽视实践环节，翻译课程安排应以实践活动为主。但是，如果没有正确的理论指导，实践活动也就不能有效地进行。为了解决课堂时间有限和学生不太愿意太多地听教师讲解的问题，教师可以让学生自己阅读理论。开列阅读书单是一个很好的办法，如教师可以开出翻译简史、翻译理论与技巧、中英语言与文化对比等方面书籍的书单，让学生在一定的时间内自学，课堂抽查或做读书报告等，使他们学会用普遍的原理来解决实际问题，在教师的指导下，将实际问题与理论融会贯通。

（3）利用网络和媒体

网络和报纸、电视、收音机等媒体可以为学生提供丰富多彩且即时的源语文本材料和目标语平行文本材料，教师可以通过让学生在网络和媒体上寻找平行文本的方法，培养其解决翻译过程中遇到的表达问题的能力。同时，也可以让学生通过博客或邮件将自己的翻译练习进行"发表"，发给教师和其他同学，教师和其他同学可以提出反馈意见，以增强师生互动和生生互动，营造更好的学习氛围。

（4）开设讲座

学校和教师可以请有实践经验的翻译专家"现身说法"，传授经验。课外开设专家讲座，一是可以让学生有学习的榜样；二是学生可以学习好的工作方法和经验；三是学生可以借此了解翻译的前沿信息和实际情况，向做一个合格译者的方向努力。

（二）循序渐进原则

翻译活动应当本着由浅入深、循序渐进的规律开展，所选的语篇练习应该是先易后难。从题材来看，应从学生最了解的入手；从篇章的内容来看，应该是从学生最熟悉的开始；从原文语言本身来看，应该是从浅显一点的渐渐到难一些的。这样由浅入深，学生学习起来才会有信心，并逐渐培养起对翻译的兴趣与热爱。例如，从语言的角度讲，外语专业高年级的学生已完成语言基础学习任务，按理说语言运用能力是比较强的，但是刚开始学翻译的时候，对原语的理解和对译语的表达往往会显得捉襟见肘。如果一开始语言太难，必然会成为他们理解和传译的障碍，也会影响他们继续学下去的兴趣。

（三）精讲多练原则

精讲多练原则具有两个方面的含义，即精讲和多练。首先，翻译教学是一项技能教学，如果技能教学只是流于先灌输后练习，在教学中就很难取得好的效果，学生会觉得枯燥无味。技能的传授应该与学生的练习紧密结合起来，并且要在练习的基础上进行总结、提炼。在练习之前，教师可以针对练习材料的内容举例简单介绍一些相关技巧，再让学生做练习。此外，学生做过的练习经教师批改之后，教师一定要对练习进行讲评。这种讲评不是点评式的，而是在系统分析原文的基础上，整理出里面的知识点，并针对学生练习中出现的问题进行总结，然后上升到理论。这样，技能才能真正为学生所掌握，技能训练才落到了实处。教师的讲评绝对不是简单地将参考译文发给学生，而是要去启发和引导学生思考与总结。教师在选择练习材料的时候，要有所考虑和侧重。选材是一个艰辛的过程，这需要教师有从事翻译的实际经验，能从纷繁复杂的材料中挑选出适合学生练习的材料，并且能凸显几个问题。

其次，翻译技能的提高是在实践中一点点实现的，这就要求学生必须进行一定量的练习，并在练习中去感受、去思考，去想办法解决问题。只有通过不断的实践、思考和总结，再实践、再思考和再总结，学生分析问题和解决问题的能力才会不断提高，翻译能力和水平也才会不断提高。因此，对学生翻译过程的关注、帮助、启发、训练和鼓励他们解决理解、表达和审校过程中遇到的具体问题就是翻译教学的重点。这样培养出来的学生才会有学习能力和创造能力，并为他们今后进入社会、走上工作岗位、独立解决翻译实际中的问题打下良好的基础。

（四）翻译速度与质量相结合原则

翻译教学的目的是培养学生的翻译能力，这种能力不仅包括技巧的掌握、译文质量的保证，还包括较快的翻译速度。因为在实际翻译活动中，常常会有催稿很急的情况发生，如果学生的翻译速度太慢，可能完不成翻译任务。因此，在翻译教学过程中，培养学生提高翻译速度是一项不可忽视的任务。

（五）培养翻译能力与翻译批评能力相结合原则

教师在培养学生翻译能力的同时，还要注意提高学生的翻译批评能力。翻译批评能力是指要对别人的译作进行客观地评价,既要点评优点,也要批评缺点,还可以对错误的地方进行修正。这样做有利于学生学习他人的长处,并反思自己的错误,避免以后再犯。学生既然能够对别人的译作进行翻译批评,也就能对自己译作的优劣心知肚明。

(六) 注重实践原则

如前所述,实践性是翻译教学的一个重要特征。因此,在条件允许的情况下,学校和教师应该为学生提供机会,让学生到社会上,如到翻译公司参与实际的翻译,体验一下实际的翻译过程。这一方面会为学生的学习增添动力,促进他们学习积极性的提高;另一方面还可以为学生走入社会、适应社会做一些认识上的准备,有利于他们毕业后更快地融入社会。总之,翻译教学绝不仅仅是技能培养课,而是一个融知识、技能、学习能力、人格塑造为一体的周密体系,这个体系绝不是封闭的,而是实践性很强的课程体系。

(七) 注重文化原则

外语学习本身就是一种跨文化交际活动,翻译学习更是如此,它要求学生必须了解不同语言国家的政治体制、经济模式、思维习惯、生活方式、风土人情、表达习惯等。所以,在翻译教学中,教师要时刻谨记这一原则,并将学生置于跨文化交际的语境之下,重点培养学生的跨文化信息转换能力,使学生切实感受到只顾语言的对应,不考虑不同国家之间的文化差异是难以达到交际目的的。

三、英语翻译教学的内容

翻译教学的内容主要包括翻译基本理论、英汉语言对比、常用的翻译技巧。

(一) 翻译基本理论

翻译的理论知识主要涉及对翻译活动本身的认识,了解翻译的过程、标准,翻译对译者的要求,工具书的使用,等等。

(二) 英汉语言对比

对英汉语言的对比,既包括语言层面的内容,又涉及文化层面和思维层面的对比。在语言层面上,主要是对英汉语言的语义、词法、句法、文体篇章进行比较,发现它们的异同。对英汉文化、思维的比较,有利于更加准确、完整、恰当地传达原文的信息。

(三) 常用的翻译技巧

翻译中的常见技巧有语序的调整、正译与反译、增补语省略、主动与被动、句子语用功能再现等。

四、大学英语翻译教学的方法

(一) 语境法

语境就是言语环境，包括言语的宏观环境和微观环境。宏观语境是话题、场合、对象等，它使意义固定化、确切化。微观语境是词的含义搭配和语义组合，它使意义定位在特定的义项上。在翻译过程中，既要考虑宏观语境，又要考虑微观语境，两者相互结合才能确定话语意思。在翻译的过程中，译者除了利用自己的语言知识获取句子本身的意义之外，还必须根据原文语境中提供的各种信息进行思辨、推理，找出原作者的意图，以形成自己对原文意义的认知心理图示，并在此基础上确定相应的译文形式，准确表达原义。

可见，翻译中的理解和表达都是在具体的语境中进行的，语义的确定、选词造句、篇章结构以及语体形式均离不开语境。因此，语境构成了正确翻译的基础，可以说语境在翻译中起着至关重要的作用。教师在指导学生翻译实践时，要求学生在充分理解原文的同时紧扣语境，并且对译文反复琢磨，使得译语表达能够密切联系语境，准确传神达意。

(二) 图式法

图式简单来说就是人的头脑中关于外部世界信息的组织形式，是人们赖以认识和理解周围事物的基础。人在同世界的交往过程中认识周围的人、物体、各种事件和各种情景，于是就在大脑中形成了不同的模式。这样的认知模式是围绕不同的事物和情景形成的有序的知识系统。而图式就是这些知识的片段，它以相对独立的形式保存在人的大脑记忆中，对言语的理解其实就是激活大脑中相应的知识片段的过程。如果面对的新信息在我们大脑中没有现存的相类似的图式，就会对理解产生负面影响。

在具体的翻译过程中，教师可以给学生提供一些需要激活图式才能正确理解的语言材料，然后根据这些材料进行翻译。在应用图式策略时，有时学生所拥有的认知图式并不一定都是对事物的正确反映，或者都已经完善；相反，翻译中常常出现图式应用错误的情况，尤其是文字表达比较含蓄的时候。因此，在教学中，教师既要帮助学生记忆语言形式及其功能，又要帮助他们调动相关图式，正确运用技巧弥补在字面上没有表达的意义，还要帮助他们修正或充实对事物的认知图式。

(三) 推理法

推理是从已知的或假设的事实中引出结论，它经常参与许多其他的认知活动，是一种独立的思维活动。推理是文本结构的内在特征，不是译者凭借想象所做出的随意行为。译者在翻译时采用推理策略可以增加信息，把握事物之间的联系，促进言语的理解。当人们在看到要翻译的文本时，往往会根据已有的知识经验做出一系列推理，这些推理为译者提供了额外的信息，把文本中的所有内容都联系起来，使译者能充分理解每一个句子。因此，在大学英语翻译教学中，教师要有意识地给学生介绍一些常用的推理技巧，如根据逻辑指示词进行推理、从作者的暗示及上下文线索进行推理、从文本的整体结构进行推理、利用文本中的解释和定义对某些词句进行推理等。此外，这些推理理解技巧一定要和正确地识别语言结构内容紧密结合起来，否则这种推理就成了脱离文本的主观猜测。

（四）猜词法

概念能力是指在理解原文过程中对语言文字的零星信息升华为概念的能力，是原文材料的感知输入转化为最佳理解的全部过程。学生的概念能力在翻译中起重要作用。一个学生在词汇贫乏时，对词句、段落形不成概念或对关键词在原文中的含义不甚理解的情况下，得不到文字信息的反馈，就会陷入对内容的胡乱猜测。所以教师在翻译教学中要适当运用猜词策略。

翻译中的猜词方法包含以下五种。

（1）利用信号词猜测生词词义

所谓信号词，就是在上下文中起着纽带作用的词语。这些词语对猜测生词词义有时能起很大的作用。

（2）根据词的构成猜测生词词义

这是比较常用的一种方法，它要求学生掌握一定的构词法知识，特别是词根、前缀、后缀的意义。

（3）根据意义上的联系猜测词义

句子的词语或上下文之间在意义上常常有一定的联系，根据这种联系可以猜测词义。

（4）结合实例猜测生词词义

有时，在下文中给出的例子会对上文中提到的事物加以解释，此时可以结合例子中常用词猜测所要证明的生词词义。反之，也可以猜测例子中的生词含义。

（5）通过换用词语推测生词词义

在文本中常会出现使用不同的词语表达同一种意思以及难易词语交换使用的现象，据此可猜测生词词义。

（五）技巧法

教师在翻译教学中不仅要采取有效的教学方法，还要在翻译技巧上给予学生相应的指导。以下将主要讨论在翻译过程中常用的一些技巧。

1. 直译法

直译法就是在符合译文语言规范的基础上，在不引起错误联想和误解的情况下，直接进行翻译的一种方法。这一方法不仅能保持原文的形似，还原原文的内容，还能很好地展现原文的形象和地方色彩。

2. 意译法

意译法是相对于直译法而言的，它是指根据原文的大意来翻译，不做逐字逐句的翻译。意译主要在原语与译语体现巨大文化差异的情况下得以应用。从跨文化语言交际和文化交流的角度来看，意译强调的是译语文化体系和原语文化体系的相对独立性。意译要求译文能正确表达原文的内容，但可以不拘泥于原文的形式。

3. 分译法

分译法是指为了使译文的行文合乎译入语的表达习惯，而将原文中个别的词、词组或句子分解开来单独译出。分译法有三种情况：词的分译、短语的分译以及句子的分译。

（1）词的分译

词的分译是指原文中的某个词中集合了两个或两个以上的语义成分，由于在译入语中找不到一个对应的词来完整地表达其全部内涵，从而将其词义进行分解，再按译入语的表达习惯分别译出。

（2）短语的分译

短语的分译分为短语词义的分译和短语结构的分译。其中，短语结构的分译又包括名词短语的分译、分词短语的分译和介词短语的分译。

（3）句子的分译

句子的分译多指长句的分译，即把一个由多个成分盘根错节地组合而成的长句分译成若干个较短的句子，使表达尽量符合译入语的行文习惯和译入语读者的审美情趣。有时，如果将英语长句原封不动地照翻过来，会违背汉语的行文规范，使译文显得冗长乏味，有时甚至令人感到费解，不知所云。此时，往往需要进行分译。

4. 反译法

由于英汉两种语言表达否定意义时在形式上存在差异，因此翻译时就有必要采用反译法。所谓反译，就是指将原文的肯定形式译成否定形式或者把否定形式译成肯定形式，反译的目的是在保持原文内容不变的情况下，使译文的表述尽量符合译入语读者的思维习惯。反译法包括两个方向的互相转变：一是正话反说，即把肯定形式译成否定形式；二是反话正说，即把否定形式译成肯定形式。

5. 释义法

释义是指舍弃原文中的具体形象，直接解释出原文的意思。当原文中的某个词语在译入语中无法找到与之相对应的词语，而运用其他译法又无法准确翻译时，便可考虑放弃原文的表面形式而尝试释义法。

运用释义法是为了使译文在风格上保持前后一致，避免机械翻译该词在译文中所产生的格格不入感和突兀感。采用释义法进行翻译时，尤其要注意两点：一是释义要准确，要有根有据，不能胡乱解释；二是应保持译文行文简洁，不能把译文搞得拖沓臃肿。

6. 套译法

严格来说，套译也可视为意译的一种。英汉两种语言用不同的形式表达相同或相近的含义时，可以按照译入语的表达习惯进行套用或套译，以便于译文读者接受。

7. 英汉同义法

在古老文明的汉语文化中，有一些在意义上、形象上、表意形式上与英语谚语相同或基本相同的汉语谚语。这是因为，各民族之间通过文化交流，一些外来语被汉语吸收和消化，使之成为汉语语言的一部分。还可能是由于人们在社会生活、劳动实践中对同一事物或现象所产生的相同感受和理解，反映到谚语中便出现了英汉谚语中的"巧合"现象。此时，就可以采用英汉同义这种方法进行翻译。

8. 综合法

所谓综合法，其实是直译和意译的结合，即兼用直译和意译。实际上，直译和意译总是同时出现在译文中，其目的是更好地表达原文的思想和风格。

参考文献

[1] 赵萍. 应用语言学视角下大学英语教学研究 [M]. 长春：吉林人民出版社，2020.

[2] 郑春伶. 多元社会文化与大学英语教学研究 [M]. 北京：北京工业大学出版社，2020.

[3] 沈黎. 大学英语教学研究 [M]. 长春：吉林出版集团股份有限公司，2020.

[4] 王娟. 现代多元化大学英语教学 [M]. 哈尔滨：黑龙江教育出版社，2020.

[5] 钱书晴，代莎，李元元. 大学英语教学模式的多元化透视 [M]. 长春：吉林大学出版社，2020.

[6] 王博，李然. 跨文化大学英语教学实践 [M]. 天津：天津科学技术出版社，2020.

[7] 马琴. 大学英语个性化教学研究 [M]. 西安：世界图书出版西安有限公司，2020.

[8] 唐芳. 大学英语写作者因素研究 [M]. 北京：知识产权出版社，2020.

[9] 李培隆，潘廷将，唐霄. 高校教师跨文化能力培养研究 [M]. 长春：吉林大学出版社，2020.

[10] 刘泽林. 文化多元路径下的当代英语教学 [M]. 长春：吉林出版集团股份有限公司，2020.

[11] 展红梅. 多元文化背景下的英语教学新思路 [M]. 长春：吉林出版集团股份有限公司，2020.

[12] 杨雪飞. 多元文化视域下的大学英语教学研究 [M]. 北京：北京理工大学出版社，2019.

[13] 霍然. 跨文化英语教学研究 [M]. 长春：吉林出版集团股份有限公司，2019.

[14] 杨玲梅. 多元背景下的大学公共英语教学与跨文化交际研究 [M]. 北京：北京工业大学出版社，2019.

[15] 邓金娥. "互联网+"背景下商务英语教学研究 [M]. 长春：吉林文史出版社，2019.

[16] 王磊. 高校英语教学转型发展研究 [M]. 长春：吉林人民出版社，2019.

[17] 张铭．当代大学英语教学理论与研究［M］．北京：九州出版社，2019．

[18] 张健坤．跨文化交际英语教学与研究［M］．北京：冶金工业出版社，2019．

[19] 杨海霞，田志雄，王慧．现代高职英语教学研究与实践探索［M］．长春：吉林人民出版社，2019．

[20] 刘蕊．大学英语教学的发展思考与创新［M］．北京：九州出版社，2019．

[21] 张茂君．当代大学英语教学与文学的融入探究［M］．长春：吉林大学出版社，2019．

[22] 吴文亮．信息化时代高校英语教学理论的解构与重塑［M］．长春：吉林大学出版社，2019．

[23] 林琳．跨文化教育视阈下的大学英语教学研究与实践［M］．北京：中国原子能出版社，2019．

[24] 郑丹，张春利，刘新莲．当代大学英语教学体系建构与实践研究［M］．北京：中国纺织出版社，2019．

[25] 苑丽英．互联网＋视域下大学英语教学的创新探索［M］．长春：吉林人民出版社，2019．

[26] 朱婧，焦玉彦，唐菁蔚．大学英语多元互动教学模式研究［M］．长春：吉林大学出版社，2019．

[27] 胡敏捷．PI 理论与大学英语教学方法探索［M］．北京：中国纺织出版社，2019．

[28] 杨海芳，赵金晶．多元文化与当代英语教学［M］．天津：天津科学技术出版社，2018．

[29] 刘梅，彭慧，仝丹．多元文化理念与英语教学研究［M］．延吉：延边大学出版社，2018．

[30] 于辉．当代大学英语教学改革多元化趋势研究［M］．长春：吉林大学出版社，2018．

[31] 谭竹修．多元文化教育视域下大学英语教学理论探索［M］．天津：天津科学技术出版社，2018．

[32] 郑侠，李京函，李恩．多元视角下的大学英语教学研究［M］．北京：知识产权出版社，2018．

[33] 李丽洁，米海敏．专门用途英语教学研究［M］．北京：现代出版社，2018．

[34] 张艳玲．英语教学的理论、模式和方法［M］．青岛：中国海洋大学出版社，2018．

［35］吴雨宁. 英语教学与评价［M］. 北京：九州出版社，2018.

［36］唐俊红. 互联网＋英语教学［M］. 北京：新华出版社，2018.

［37］乐国斌."互联网＋"时代商务英语教学模式研究［M］. 长春：东北师范大学出版社，2018.